Mit der Freude im Herzen

APOSTOLISCHES SCHREIBEN
GAUDETE ET EXSULTATE
DES HEILIGEN VATERS
PAPST FRANZISKUS
ÜBER DEN RUF ZUR HEILIGKEIT IN DER WELT VON HEUTE

PAPST FRANZISKUS

MIT DER FREUDE IM HERZEN

Das Schreiben **„Gaudete et exsultate"**
über den Ruf zur Heiligkeit in der Welt
von heute

benno

Bibliografische Information der Deutschen Nationalbibliothek
Die Deutsche Nationalbibliothek verzeichnet diese Publikation
in der Deutschen Nationalbibliografie; detaillierte bibliografische
Daten sind im Internet über http://dnb.d-nb.de abrufbar.

Besuchen Sie uns im Internet unter:
www.st-benno.de

Gern informieren wir Sie unverbindlich und aktuell auch
in unserem Newsletter zum Verlagsprogramm, zu Neuerscheinungen
und Aktionen. Einfach anmelden unter
www.st-benno.de

ISBN 978-3-7462-5221-6
© St. Benno Verlag GmbH, Leipzig
Alle Texte: © Libreria Editrice Vaticana, Città del Vaticano
Umschlaggestaltung: Rungwerth Design, Düsseldorf
Gesamtherstellung: Kontext, Lemsel (A)

INHALT

1. »Freut euch und jubelt« (*Mt* 5,12), sagt Jesus denen, die um seinetwillen verfolgt oder gedemütigt werden. Der Herr fordert alles; was er dafür anbietet, ist wahres Leben, das Glück, für das wir geschaffen wurden. Er will, dass wir heilig sind, und erwartet mehr von uns, als dass wir uns mit einer mittelmäßigen, verwässerten, flüchtigen Existenz zufriedengeben. Der Ruf zur Heiligkeit ist nämlich von den ersten Seiten der Bibel an auf verschiedene Weise präsent. So erging die Aufforderung des Herrn an Abraham: »Geh vor mir und sei untadelig!« (*Gen* 17,1).

2. Es soll hier nicht um eine Abhandlung über die Heiligkeit gehen mit vielen Definitionen und Unterscheidungen, die dieses wichtige Thema bereichern könnten, oder mit Analysen, die über die Mittel der Heiligung anzustellen wären. Mein bescheidenes Ziel ist es, den Ruf zur Heiligkeit einmal mehr zum Klingen zu bringen und zu versuchen, ihn im gegenwärtigen Kontext mit seinen Risiken, Herausforderungen und Chancen Gestalt annehmen zu lassen. Denn der Herr hat jeden von uns erwählt, damit wir in der Liebe »heilig und untadelig leben vor ihm« (*Eph* 1,4).

Erstes Kapitel

DER RUF ZUR HEILIGKEIT

Die Heiligen, die uns ermutigen und begleiten

3. Im Hebräerbrief werden verschiedene Zeugen genannt, die uns ermutigen sollen, »mit Ausdauer in dem Wettkampf [zu] laufen, der vor uns liegt« (12,1). Die Rede ist von Abraham, Sara, Mose, Gideon und einigen anderen (vgl. Kapitel 11); vor allem werden wir eingeladen zu erkennen, dass wir »eine solche Wolke von Zeugen um uns haben« (12,1), die uns dazu anspornen, auf unserem Weg nicht stehen zu bleiben, und uns ermutigen, weiter dem Ziel entgegenzugehen. Unter ihnen sind vielleicht unsere eigene Mutter, eine Großmutter oder andere Menschen, die uns nahestehen (vgl. *2 Tim* 1,5). Vielleicht war ihr Leben nicht immer perfekt, aber trotz aller Fehler und Schwächen gingen sie weiter voran und gefielen dem Herrn.

4. Die Heiligen, die bereits in der Gegenwart Gottes sind, unterhalten mit uns Bande der Liebe und der Gemeinschaft. Das Buch der Offenbarung des Johannes bezeugt dies, wenn es von den Märtyrern spricht, die für uns eintreten: Ich sah »unter dem Altar die Seelen aller, die hingeschlachtet worden waren wegen des Wortes Gottes und wegen des Zeugnisses, das sie abgelegt hatten. Sie riefen mit lauter Stimme und sagten: Wie lange zögerst du noch, Herr, du Heiliger und Wahrhaftiger, Gericht

zu halten?« (6,9-10). Wir können sagen: »Wir sind von den Freunden Gottes umgeben, geleitet und geführt. […] Ich brauche nicht allein zu tragen, was ich wahrhaftig allein nicht tragen könnte. Die Schar der Heiligen Gottes schützt und stützt und trägt mich.«[1]

5. In den Selig- und Heiligsprechungsprozessen werden neben den Zeichen eines heroischen Tugendgrades und der Hingabe des Lebens im Martyrium auch diejenigen Fälle berücksichtigt, in denen eine bis zum Tod durchgehaltene Aufopferung des eigenen Lebens für andere erfolgt ist. Diese Hingabe ist Ausdruck einer vorbildlichen Nachahmung Christi und der Bewunderung der Gläubigen würdig.[2] Erinnern wir uns zum Beispiel an die selige Maria Gabriela Sagheddu, die ihr Leben für die Einheit der Christen aufopferte.

Die Heiligen von nebenan

6. Denken wir nicht nur an die, die bereits selig- oder heiliggesprochen wurden. Der Heilige Geist verströmt Heiligkeit überall, in das ganze heilige gläubige Gottesvolk hinein, denn es hat Gott gefallen, »die Menschen nicht einzeln und unabhängig von aller wechselseitigen Verbindung zu heiligen und zu retten, sondern sie zu einem Volke zu machen, das ihn in Wahrheit anerkennen und ihm in Heiligkeit dienen soll«.[3] Der Herr hat in der Heilsgeschichte ein Volk gerettet. Es gibt keine vollständige Identität ohne Zugehörigkeit zu einem Volk.

Deshalb kann sich niemand allein als isoliertes Individuum retten, sondern Gott zieht uns an, wobei er das komplexe Geflecht zwischenmenschlicher Beziehungen berücksichtigt, das der menschlichen Gemeinschaft innewohnt: Gott wollte in eine soziale Dynamik eintreten, in die Dynamik eines Volkes.

7. Es gefällt mir, die Heiligkeit im geduldigen Volk Gottes zu sehen: in den Eltern, die ihre Kinder mit so viel Liebe erziehen, in den Männern und Frauen, die arbeiten, um das tägliche Brot nach Hause zu bringen, in den Kranken, in den älteren Ordensfrauen, die weiter lächeln. In dieser Beständigkeit eines tagtäglichen Voranschreitens sehe ich die Heiligkeit der streitenden Kirche. Oft ist das die Heiligkeit »von nebenan«, derer, die in unserer Nähe wohnen und die ein Widerschein der Gegenwart Gottes sind, oder, um es anders auszudrücken, »die Mittelschicht der Heiligkeit«.[4]

8. Lassen wir uns anregen von den Zeichen der Heiligkeit, die uns der Herr durch die einfachsten Glieder dieses Volkes schenkt, das auch teilnimmt »an dem prophetischen Amt Christi, in der Verbreitung seines lebendigen Zeugnisses vor allem durch das Leben in Glauben und Liebe«.[5] Denken wir mit der heiligen Teresia Benedicta vom Kreuz (Edith Stein) daran, dass viele von ihnen die Gestalter der wahren Geschichte sind: »Aus der dunkelsten Nacht treten die größten Propheten – Heiligengestalten hervor. Aber zum großen Teil bleibt der gestaltende Strom des mystischen Lebens unsichtbar. Sicherlich werden die entscheidenden Wendungen in der Welt-

geschichte wesentlich mitbestimmt durch Seelen, von denen kein Geschichtsbuch etwas meldet. Und welchen Seelen wir die entscheidenden Wendungen in unserem persönlichen Leben verdanken, das werden wir auch erst an dem Tage erfahren, an dem alles Verborgene offenbar wird.«[6]

9. Die Heiligkeit ist das schönste Gesicht der Kirche. Aber auch außerhalb der katholischen Kirche und in sehr unterschiedlichen Umgebungen weckt der Geist »Zeichen seiner Gegenwart, die selbst den Jüngern Christi helfen«.[7] Im Übrigen erinnerte uns der heilige Johannes Paul II. daran, dass »das Zeugnis für Christus bis hin zum Blutvergießen [...] zum gemeinsamen Erbe von Katholiken, Orthodoxen, Anglikanern und Protestanten geworden«[8] ist. Bei der schönen ökumenischen Gedächtnisfeier im Jubiläumsjahr 2000 im Kolosseum sagte er, dass die Märtyrer »ein Erbe [sind], das lauter spricht als die Faktoren der Trennung«.[9]

Der Herr ruft

10. All dies ist wichtig. Was ich jedoch mit diesem Schreiben in Erinnerung rufen möchte, ist vor allem der Ruf zur Heiligkeit, den der Herr an jeden und jede von uns richtet, den Ruf, den er auch an dich richtet: »Seid heilig, weil ich heilig bin« (*Lev* 11,44; *1 Petr* 1,16). Das Zweite Vatikanische Konzil hat das sehr deutlich hervorgehoben: »Mit so reichen Mitteln zum Heile ausgerüstet, sind alle Christgläubigen in allen Verhältnissen und in jedem Stand je

auf ihrem Wege vom Herrn berufen zu der Vollkommenheit in Heiligkeit, in der der Vater selbst vollkommen ist.«[10]

11. »Je auf ihrem Wege«, sagt das Konzil. Es geht also nicht darum, den Mut zu verlieren, wenn man Modelle der Heiligkeit betrachtet, die einem unerreichbar erscheinen. Es gibt Zeugnisse, die als Anregung und Motivation hilfreich sind, aber nicht als zu kopierendes Modell. Das könnte uns nämlich sogar von dem einzigartigen und besonderen Weg abbringen, den der Herr für uns vorgesehen hat. Worauf es ankommt, ist, dass jeder Gläubige seinen eigenen Weg erkennt und sein Bestes zum Vorschein bringt, das, was Gott so persönlich in ihn hineingelegt hat (vgl. *1 Kor* 12,7), und nicht, dass er sich verausgabt, indem er versucht, etwas nachzuahmen, das gar nicht für ihn gedacht war. Wir sind alle aufgerufen, Zeugen zu sein, aber es gibt »viele existenzielle Weisen der Zeugenschaft«.[11] Als der große heilige Mystiker Johannes vom Kreuz seinen *Geistlichen Gesang* schrieb, zog er es fürwahr vor, feste allgemeingültige Regeln zu vermeiden, und erklärte, dass seine Verse so geschrieben seien, dass jeder sie »gemäß seiner Eigenart«[12] nutzen könne. Denn das göttliche Leben teilt sich »den einen auf diese, den anderen auf jene Weise«[13] mit.

12. In Bezug auf diese verschiedenen Weisen möchte ich eigens betonen, dass sich der »weibliche Genius« auch in weiblichen Stilen der Heiligkeit manifestiert, die unentbehrlich sind, um die Heiligkeit Gottes in dieser Welt widerzuspiegeln. Gerade auch

in Zeiten, in denen die Frauen stark eingeschränkt waren, hat der Heilige Geist Heilige erweckt, deren Leuchtkraft zu neuen geistlichen Dynamiken und wichtigen Reformen in der Kirche geführt hat. Wir können hier etwa die heilige Hildegard von Bingen, die heilige Birgitta von Schweden, die heilige Katharina von Siena, die heilige Teresa von Ávila oder die heilige Thérèse von Lisieux nennen. Aber ich möchte hier besonders auch an so viele unbekannte oder vergessene Frauen erinnern, die, jede auf ihre eigene Art und Weise, Familien und Gemeinschaften mit der Kraft ihres Zeugnisses getragen und verwandelt haben.

13. Das sollte jeden und jede dazu anregen und ermutigen, alles zu geben, um auf den einzigartigen und unwiederholbaren Entwurf hin zu wachsen, den Gott von Ewigkeit her für ihn oder sie wollte: »Noch ehe ich dich im Mutterleib formte, habe ich dich ausersehen, noch ehe du aus dem Mutterschoß hervorkamst, habe ich dich geheiligt« (*Jer* 1,5).

Auch für dich

14. Um heilig zu sein, muss man nicht unbedingt Bischof, Priester, Ordensmann oder Ordensfrau sein. Oft sind wir versucht zu meinen, dass die Heiligkeit nur denen vorbehalten sei, die die Möglichkeit haben, sich von den gewöhnlichen Beschäftigungen fernzuhalten, um viel Zeit dem Gebet zu widmen. Es ist aber nicht so. Wir sind alle berufen, heilig zu sein, indem wir in der Liebe leben und im

täglichen Tun unser persönliches Zeugnis ablegen, jeder an dem Platz, an dem er sich befindet. Bist du ein Gottgeweihter oder eine Gottgeweihte? Sei heilig, indem du deine Hingabe freudig lebst. Bist du verheiratet? Sei heilig, indem du deinen Mann oder deine Frau liebst und umsorgst, wie Christus es mit der Kirche getan hat. Bist du ein Arbeiter? Sei heilig, indem du deine Arbeit im Dienst an den Brüdern und Schwestern mit Redlichkeit und Sachverstand verrichtest. Bist du Vater oder Mutter, Großvater oder Großmutter? Sei heilig, indem du den Kindern geduldig beibringst, Jesus zu folgen. Hast du eine Verantwortungsposition inne? Sei heilig, indem du für das Gemeinwohl kämpfst und auf deine persönlichen Interessen verzichtest.[14]

15. Lass zu, dass die Taufgnade in dir Frucht bringt auf einem Weg der Heiligkeit. Lass zu, dass alles für Gott offen ist, und dazu entscheide dich für ihn, erwähle Gott ein ums andere Mal neu. Verlier nicht den Mut, denn du besitzt die Kraft des Heiligen Geistes, um das möglich zu machen. Im Grunde ist die Heiligkeit die Frucht des Heiligen Geistes in deinem Leben (vgl. *Gal* 5,22-23). Wenn du die Versuchung verspürst, dich in deiner Schwäche zu verstricken, dann richte deine Augen auf den Gekreuzigten und sage: »Herr, ich bin ein armseliger Mensch, aber du kannst das Wunder vollbringen, mich ein wenig besser zu machen.« In der Kirche, die heilig ist und zugleich aus Sündern besteht, findest du alles, was du brauchst, um auf dem Weg zur Heiligkeit zu wachsen. Der Herr hat sie mit reichen Gaben beschenkt: mit dem Wort, den Sakramenten,

den Heiligtümern, dem Leben der Gemeinschaften, dem Zeugnis der Heiligen und mit einer vielfältigen Schönheit, die aus der Liebe zum Herrn kommt, »wie eine Braut, die ihr Geschmeide anlegt« (*Jes* 61,10).

16. Diese Heiligkeit, zu der der Herr dich ruft, wächst und wächst durch kleine Gesten. Eine Frau geht beispielsweise auf den Markt zum Einkaufen, trifft dabei eine Nachbarin, beginnt ein Gespräch mit ihr, und dann wird herumkritisiert. Trotzdem sagt diese Frau innerlich: »Nein, ich werde über niemanden schlecht reden.« Das ist ein Schritt hin zur Heiligkeit. Zu Hause möchte ihr Kind dann über seine Fantasien sprechen, und obwohl sie müde ist, setzt sie sich zu ihm und hört ihm mit Geduld und Liebe zu. Das ist ein weiteres Opfer, das heilig macht. Dann erlebt sie etwas Beängstigendes, aber sie erinnert sich an die Liebe der Jungfrau Maria, nimmt den Rosenkranz und betet gläubig. Das ist ein weiterer Weg der Heiligkeit. Dann geht sie aus dem Haus, trifft einen Armen und bleibt stehen, um liebevoll mit ihm zu reden. Das ist ein weiterer Schritt.

17. Manchmal stellt einen das Leben vor größere Herausforderungen und durch sie lädt uns der Herr zu neuen Veränderungen ein, die es ermöglichen, dass seine Gnade in unserer Existenz deutlicher offenbar wird, »damit wir Anteil an seiner Heiligkeit gewinnen« (*Hebr* 12,10). Ein anderes Mal geht es nur darum, etwas, das wir bereits tun, auf eine vollkommenere Art und Weise zu tun: »Es gibt Eingebungen,

die nur auf eine außergewöhnliche Vollkommenheit gewöhnlicher Übungen des christlichen Lebens hinzielen.«[15] Als Kardinal François-Xavier Nguyên Van Thuân im Gefängnis saß, verzichtete er darauf, sich in Erwartung seiner Freilassung aufzureiben. Er entschied: »Ich lebe in diesem Augenblick und werde ihn mit Liebe füllen«; und die Art und Weise, in der dies konkret wird, ist folgende: »Nütze jeden Tag die Gelegenheit, um kleine Dinge in großartiger Weise zu erledigen.«[16]

18. So verleihen wir durch den Anstoß der göttlichen Gnade mit vielen Gesten jener Heiligkeit Gestalt, die Gott uns zugedacht hat, aber nicht als sich selbst genügende Wesen, sondern »als gute Verwalter der vielfältigen Gnade Gottes« (*1 Petr* 4,10). Die neuseeländischen Bischöfe haben uns gezeigt, dass es möglich ist, mit der bedingungslosen Liebe des Herrn zu lieben, weil der Auferstandene sein machtvolles Leben mit unserem zerbrechlichen Leben teilt: »Seine Liebe kennt keine Grenzen, und einmal gewährt, wurde sie nie zurückgenommen. Sie war bedingungslos und blieb treu. So zu lieben ist nicht einfach, weil wir oft so schwach sind. Aber gerade der Versuch, so zu lieben, wie Christus uns geliebt hat, zeigt, dass Christus sein eigenes Leben als Auferstandener mit uns teilt. Auf diese Weise zeugt unser Leben von seiner Wirkmacht, selbst inmitten menschlicher Schwäche.«[17]

19. Für einen Christen ist es unmöglich, an seine eigene Sendung auf Erden zu denken, ohne sie als einen Weg der Heiligkeit zu begreifen, denn das »ist es, was Gott will: eure Heiligung« (*1Thess* 4,3). Jeder Heilige ist eine Sendung; er ist ein Entwurf des Vaters, um zu einem bestimmten Zeitpunkt in der Geschichte einen Aspekt des Evangeliums widerzuspiegeln und ihm konkrete Gestalt zu verleihen.

20. Diese Sendung hat ihren vollen Sinn in Christus und kann nur von ihm her verstanden werden. Im Tiefsten bedeutet Heiligkeit, in Einheit mit ihm die Geheimnisse seines Lebens zu leben. Sie besteht darin, sich auf einzigartige und persönliche Weise mit dem Tod und der Auferstehung des Herrn zu verbinden, ständig mit ihm zu sterben und mit ihm aufzuerstehen. Es kann aber auch beinhalten, in der eigenen Existenz verschiedene Aspekte des irdischen Lebens Jesu nachzubilden: sein verborgenes Leben, sein Leben in der Gemeinschaft, seine Nähe zu den Geringsten, seine Armut und andere Erscheinungsformen seiner Hingabe aus Liebe. Die Betrachtung dieser Geheimnisse, wie sie der heilige Ignatius von Loyola vorgeschlagen hat, führt uns dazu, sie in unseren Entscheidungen und Haltungen immer mehr zu verwirklichen.[18] Denn »im Leben Jesu ist alles […] Zeichen seines innersten Geheimnisses«,[19] »das ganze Leben Christi ist […] Offenbarung des Vaters«,[20] »das ganze Leben Christi ist Erlösungsgeheimnis«,[21] »das ganze Leben Christi ist ein Mysterium der erneuten

Zusammenfassung von allem unter ein Haupt«[22] und »alles, was Christus gelebt hat, lässt er uns in ihm leben und er lebt es in uns«.[23]

21. Der Heilsplan des Vaters ist Christus und wir in ihm. Letztendlich ist es Christus, der in uns liebt, denn Heiligkeit ist »nichts anderes als die in Fülle gelebte Liebe«.[24] Deshalb ist das Maß der Heiligkeit durch die Gestalt gegeben, die Christus in uns annimmt, dadurch, wie sehr wir in der Kraft des Heiligen Geistes unser ganzes Leben nach seinem Leben formen.[25] So ist jeder Heilige eine Botschaft, die der Heilige Geist aus dem Reichtum Jesu Christi schöpft und seinem Volk schenkt.

22. Um zu erkennen, welches Wort der Herr durch einen Heiligen sagen will, ist es nicht ratsam, sich mit Details aufzuhalten, denn es kann da auch Fehler und Schwächen geben. Nicht alles, was ein Heiliger sagt, ist dem Evangelium vollkommen treu, nicht alles, was er tut, ist authentisch oder perfekt. Was wir betrachten müssen, ist die Gesamtheit seines Lebens, sein ganzer Weg der Heiligung, jene Gestalt, die etwas von Jesus Christus widerspiegelt und die zum Vorschein kommt, wenn es gelingt, den Sinn der Gesamtheit seiner Person auszumachen.[26]

23. Das ist ein starker Aufruf an uns alle. Auch du musst dein Leben im Ganzen als eine Sendung begreifen. Versuche dies, indem du Gott im Gebet zuhörst und die Zeichen recht deutest, die er dir gibt. Frage immer den Heiligen Geist, was Jesus von dir in jedem Moment deiner Existenz und bei jeder Entscheidung, die du treffen musst, erwartet, um

herauszufinden, welchen Stellenwert es für deine Sendung hat. Und erlaube dem Geist, in dir jenes persönliche Geheimnis zu formen, das Jesus Christus in der Welt von heute widerscheinen lässt.

24. Hoffentlich kannst du erkennen, was dieses Wort ist, diese Botschaft Jesu, die Gott der Welt mit deinem Leben sagen will. Lass dich verwandeln, lass dich vom Geist erneuern, damit dies möglich wird und damit deine wertvolle Sendung nicht scheitert. Der Herr wird sie auch inmitten all deiner Fehler und schlechten Momente zur Vollendung führen, wenn du nur den Weg der Liebe nicht verlässt und immer offenbleibst für sein übernatürliches Wirken, welches reinigt und erleuchtet.

Heiligmachendes Tun

25. Wie man Christus nicht verstehen kann ohne das Reich, das zu bringen er gekommen war, so ist auch deine eigene Sendung untrennbar mit dem Aufbau jenes Reiches verbunden: »Sucht aber zuerst sein Reich und seine Gerechtigkeit« (*Mt* 6,33). Deine Identifikation mit Christus und seinen Wünschen impliziert das Bemühen, mit ihm das Reich der Liebe, der Gerechtigkeit und des Friedens für alle zu errichten. Christus selbst will es mit dir leben in all den Anstrengungen oder Entsagungen, die es mit sich bringt, wie auch in den Freuden und der Fruchtbarkeit, die es für dich bereithält. Deshalb wirst du dich nicht heiligen, ohne dich mit Leib und Seele hinzugeben, um in diesem Bemühen dein Bestes zu geben.

26. Es ist nicht gesund, die Stille zu lieben und die Begegnung mit anderen zu meiden, Ruhe zu wünschen und Aktivität abzulehnen, das Gebet zu suchen und den Dienst zu verachten. Alles kann als Teil der eigenen Existenz in dieser Welt akzeptiert und integriert werden und sich in den Weg der Heiligung einfügen. Wir sind aufgerufen, die Kontemplation auch inmitten des Handelns zu leben, und wir heiligen uns in der verantwortlichen und großherzigen Ausübung der eigenen Sendung.

27. Kann der Heilige Geist uns etwa dazu anspornen, eine Mission zu erfüllen, und uns gleichzeitig auffordern, vor ihr zu flüchten oder uns nicht ganz hinzugeben, um den inneren Frieden zu bewahren? Manchmal sind wir jedenfalls versucht, die pastorale Hingabe oder das Engagement in der Welt als zweitrangig zu betrachten, als wären sie »Ablenkungen« auf dem Weg der Heiligung und des inneren Friedens. Man vergisst dabei, dass »das Leben nicht eine Mission hat, sondern eine Mission ist«.[27]

28. Ein Einsatz, der von der Angst, vom Stolz oder vom Bedürfnis, gut dazustehen und zu herrschen, motiviert ist, wird sicherlich nicht heiligend sein. Die Herausforderung besteht darin, die eigene Selbsthingabe so zu leben, dass die Bemühungen einen dem Evangelium entsprechenden Sinn haben und uns immer mehr Jesus Christus angleichen. Deshalb ist es üblich, z. B. von einer Spiritualität des Katecheten, von einer Spiritualität des Diözesanklerus, von einer Spiritualität der Arbeit zu sprechen. Aus demselben Grund schloss ich *Evan-*

gelii gaudium mit einer Spiritualität der Mission, *Laudato si'* mit einer ökologischen Spiritualität und *Amoris laetitia* mit einer Spiritualität des Familienlebens.

29. Das bedeutet nicht, die Momente der Ruhe, der Einsamkeit und der Stille vor Gott zu verachten. Ganz im Gegenteil. Die ständig neuen technologischen Errungenschaften, die Attraktivität des Reisens, die unzähligen Konsumangebote lassen nämlich dem Erklingen der Stimme Gottes manchmal keinen Raum. Alles füllt sich in immer größerer Geschwindigkeit mit Worten, oberflächlichem Genuss und Lärm. Dort herrscht keine Freude, sondern die Unzufriedenheit derer, die nicht wissen, wofür sie leben. Wie können wir da nicht erkennen, dass wir dieses hektische Rennen stoppen müssen, um einen persönlichen Raum wiederzuerlangen, was manchmal schmerzhaft, aber letztlich immer fruchtbar ist, in dem ein aufrichtiger Dialog mit Gott aufgenommen wird? Irgendwann werden wir uns mit der Wahrheit über uns selbst konfrontieren müssen, um sie vom Herrn durchdringen zu lassen, und das gelingt nicht immer, »wenn man nicht auf einmal an den Rand des Abgrunds der schwersten Versuchung gerät, ausgesetzt auf den Klippen der Verlassenheit, ausgesetzt auf einem einsamen Gipfel, wo man den Eindruck hat, völlig im Stich gelassen zu sein«.[28] Auf diese Weise finden wir die wichtigen Beweggründe, die uns antreiben, unsere Aufgaben bis in die Tiefe zu leben.

30. Die gleichen Ablenkungsmöglichkeiten, die das moderne Leben überfluten, führen auch zu einer Verabsolutierung der Freizeit, in der wir die Geräte, die uns Unterhaltung oder kurzlebige Vergnügen bieten, uneingeschränkt nutzen können.[29] Die Konsequenz ist, dass unsere eigentliche Sendung darunter leidet, dass das Engagement schwächer wird und der großzügige und bereitwillige Dienst nachzulassen beginnt. Dies entstellt das spirituelle Leben. Kann denn ein spiritueller Eifer gesund sein, der mit einer Trägheit in der Verkündigung des Glaubens oder im Dienst an den anderen einhergeht?

31. Wir brauchen einen Geist der Heiligkeit, der sowohl die Einsamkeit als auch den Dienst, die Innerlichkeit wie auch den Einsatz für die Verkündigung durchdringt, damit jeder Moment ein Ausdruck hingebungsvoller Liebe unter den Augen Gottes ist. So werden all diese Momente zu Stufen auf unserem Weg der Heiligung.

Lebendiger, menschlicher

32. Hab keine Angst vor der Heiligkeit. Sie wird dir nichts an Kraft, Leben oder Freude nehmen. Ganz im Gegenteil, denn du wirst dabei zu dem Menschen werden, an den der Vater dachte, als er dich erschaffen hat, und du wirst deinem eigenen Wesen treu bleiben. Von Gott abzuhängen befreit uns von der Sklaverei und lässt uns unsere Würde erkennen. Dies wird an der heiligen Josephine Bakhita sichtbar. Sie wurde »im zarten Alter von sieben

Jahren als Sklavin verkauft und hatte unter grausamen Herren schwere Leiden zu ertragen. Dennoch verstand sie die tiefe Wahrheit, dass Gott, und nicht der Mensch, der wahre Herr eines jeden Menschen und Menschenlebens ist. Diese Erfahrung wurde für diese demütige Tochter Afrikas zur Quelle großer Weisheit.«[30]

33. In dem Maß, in dem er sich heiligt, wird jeder Christ umso fruchtbarer für die Welt. Die Bischöfe Westafrikas haben uns gelehrt: »Im Geist der Neuevangelisierung sind wir berufen, dadurch evangelisiert zu werden und zu evangelisieren, dass ihr Getauften alle befähigt werdet, eure Rolle als Salz der Erde und Licht der Welt zu übernehmen, wo immer ihr seid.«[31]

34. Fürchte dich nicht davor, höhere Ziele anzustreben, dich von Gott lieben und befreien zu lassen. Fürchte dich nicht davor, dich vom Heiligen Geist führen zu lassen. Die Heiligkeit macht dich nicht weniger menschlich, denn sie ist die Begegnung deiner Schwäche mit der Kraft der Gnade. Im Grunde genommen gibt es, wie Léon Bloy sagte, »nur eine Traurigkeit im Leben: kein Heiliger zu sein«.[32]

Zweites Kapitel

ZWEI SUBTILE FEINDE DER HEILIGKEIT

35. In diesem Rahmen möchte ich die Aufmerksamkeit auf zwei Verfälschungen der Heiligkeit lenken, die uns vom Weg abbringen könnten: der Gnostizismus und der Pelagianismus. Es sind zwei Häresien, die in den ersten christlichen Jahrhunderten aufgekommen sind, die aber weiterhin von alarmierender Aktualität sind. Auch heute lassen sich die Herzen vieler Christen, vielleicht ohne dass sie es bemerken, von diesen trügerischen Angeboten verführen. In ihnen kommt ein als katholische Wahrheit getarnter anthropozentrischer Immanentismus zum Ausdruck.[33] Betrachten wir diese zwei Formen vermeintlicher doktrineller oder disziplinarischer Sicherheit, »die Anlass gibt zu einem narzisstischen und autoritären Elitebewusstsein, wo man, anstatt die anderen zu evangelisieren, sie analysiert und bewertet und, anstatt den Zugang zur Gnade zu erleichtern, die Energien im Kontrollieren verbraucht. In beiden Fällen existiert weder für Jesus Christus noch für die Menschen ein wirkliches Interesse.«[34]

Der gegenwärtige Gnostizismus

36. Der Gnostizismus setzt einen im Subjektivismus eingeschlossenen Glauben voraus, »bei dem einzig eine bestimmte Erfahrung oder eine Reihe von Ar-

gumentationen und Kenntnissen interessiert, von denen man meint, sie könnten Trost und Licht bringen, wo aber das Subjekt letztlich in der Immanenz seiner eigenen Vernunft oder seiner Gefühle eingeschlossen bleibt«.[35]

Ein Geist ohne Gott und ohne Fleisch

37. Gott sei Dank wurde im Laufe der Geschichte der Kirche sehr deutlich, dass die Vollkommenheit der Menschen an ihrer Nächstenliebe gemessen wird, nicht an der Fülle erworbener Daten und Kenntnisse. Die »Gnostiker« unterliegen in diesem Punkt einem Missverständnis und beurteilen die anderen ausgehend von der Überprüfung, ob sie in der Lage sind, die Tiefe bestimmter Lehren zu verstehen. Sie stellen sich einen Geist ohne Menschwerdung vor, der nicht in der Lage ist, das leidende Fleisch Christi in den anderen zu berühren, einen Geist, der in das Korsett einer Enzyklopädie von Abstraktionen geschnürt wird. Indem sie das Geheimnis entleiblichen, bevorzugen sie schließlich »eine[n] Gott[…] ohne Christus, eine[n] Christus ohne Kirche, ein[e] Kirche ohne Volk«.[36]

38. Letztendlich handelt es sich um eine selbstgefällige Oberflächlichkeit: viel Bewegung an der Oberfläche des Geistes, aber die Tiefe des Denkens bewegt sich nicht, noch wird sie angerührt. Dennoch gelingt es, manche mit einer betrügerischen Faszination in den Bann zu ziehen, denn das gnostische Gleichgewicht ist formal und vermeintlich

unpersönlich und kann den Anschein einer gewissen Harmonie oder einer allumfassenden Ordnung annehmen.

39. Aber geben wir acht. Ich beziehe mich nicht auf die Rationalisten, die Feinde des christlichen Glaubens sind. Das hier kann innerhalb der Kirche vorkommen, ebenso sehr unter den Laien in den Pfarreien wie unter denjenigen, die in Bildungszentren Philosophie oder Theologie lehren. Denn es ist gerade den Gnostikern eigen zu glauben, dass sie mit ihren Erklärungen den ganzen Glauben und das ganze Evangelium vollkommen verständlich machen können. Sie verabsolutieren ihre eigenen Theorien und verpflichten die anderen, sich den von ihnen genutzten Argumentationen zu unterwerfen. Eine Sache ist der gesunde und demütige Gebrauch der Vernunft, um über die theologische und moralische Lehre des Evangeliums nachzudenken; etwas anderes ist es, danach zu streben, die Lehre Jesu auf eine kalte und harte Logik zu reduzieren, die alles zu beherrschen sucht.[37]

Eine Lehre ohne Geheimnis

40. Der Gnostizismus ist eine der schlimmsten Ideologien. Er überbetont nämlich die Erkenntnis oder eine bestimmte Erfahrung und hält gleichzeitig seine eigene Sicht der Wirklichkeit für vollkommen. Auf diese Weise nährt sich diese Ideologie, vielleicht ohne es zu merken, von sich selbst und wird noch verblendeter. Zuweilen wird sie besonders

trügerisch, wenn sie sich als entleiblichte Spiritualität tarnt. Denn der Gnostizismus will »von Natur aus dem Geheimnis die Flügel stutzen«,[38] dem Geheimnis Gottes und seiner Gnade genauso wie dem Geheimnis des Lebens der anderen.

41. Wenn jemand Antworten auf alle Fragen hat, zeigt er damit, dass er sich nicht auf einem gesunden Weg befindet; möglicherweise ist er ein falscher Prophet, der die Religion zu seinem eigenen Vorteil nutzt und in den Dienst seiner psychologischen und geistigen sinnlosen Gedankenspiele stellt. Gott übersteigt uns unendlich, er ist immer eine Überraschung, und nicht wir bestimmen, unter welchen geschichtlichen Umständen wir auf ihn treffen, denn Zeit und Ort sowie Art und Weise der Begegnung hängen nicht von uns ab. Wer es ganz klar und deutlich haben will, beabsichtigt, die Transzendenz Gottes zu beherrschen.

42. Genauso wenig kann man beanspruchen festzulegen, wo Gott nicht ist, weil er geheimnisvoll im Leben jeder Person anwesend ist, im Leben eines jeden, so, wie er will; wir können dies mit unseren vermeintlichen Gewissheiten nicht leugnen. Auch wenn jemandes Existenz eine Katastrophe gewesen sein sollte, auch wenn wir ihn von Lastern und Süchten zerstört sehen, ist Gott in seinem Leben da. Wenn wir uns mehr vom Geist als von unseren Überlegungen leiten lassen, können und müssen wir den Herrn in jedem menschlichen Leben suchen. Dies ist Teil des Mysteriums, das die gnostische Denkweise letztlich ablehnt, weil sie es nicht kontrollieren kann.

43. Es gelingt uns kaum, die Wahrheit, die wir vom Herrn empfangen haben, zu verstehen. Unter größten Schwierigkeiten gelingt es uns, sie auszudrücken. Deshalb können wir nicht beanspruchen, dass unsere Art, die Wahrheit zu verstehen, uns ermächtigt, eine strenge Überwachung des Lebens der anderen vorzunehmen. Ich möchte daran erinnern, dass in der Kirche unterschiedliche Arten und Weisen der Interpretation vieler Aspekte der Lehre und des christlichen Lebens berechtigterweise koexistieren, die in ihrer Vielfalt »helfen, den äußerst reichen Schatz des Wortes besser deutlich zu machen«. Gewiss, »denjenigen, die sich eine monolithische, von allen ohne Nuancierungen verteidigte Lehre erträumen, mag das als Unvollkommenheit und Zersplitterung erscheinen«.[39] Genau genommen haben einige gnostische Strömungen die so konkrete Einfachheit des Evangeliums verachtet und versucht, den trinitarischen und menschgewordenen Gott durch eine höhere Einheit zu ersetzen, in der sich die reiche Vielfalt unserer Geschichte verflüchtigt hat.

44. In Wirklichkeit ist die Lehre, oder besser unser Verständnis und unsere Ausdrucksweise derselben, »kein geschlossenes System, ohne Dynamiken, die Probleme, Fragen, Zweifel hervorbringen können«. »Die Fragen unseres Volkes, seine Leiden, seine Auseinandersetzungen, seine Träume, seine Kämpfe, seine Sorgen besitzen einen hermeneutischen Wert, den wir nicht unbeachtet lassen dürfen, wenn

wir das Prinzip der Menschwerdung ernst nehmen wollen. Seine Fragen tragen dazu bei, dass wir uns Fragen stellen, seine Probleme stellen uns vor Probleme.«[40]

45. Vielfach entsteht eine gefährliche Verwirrung: zu glauben, dass wir, weil wir etwas wissen oder es mit einer bestimmten Logik erklären können, schon heilig, vollkommen, besser als die »unwissende Masse« sind. Der heilige Johannes Paul II. hat alle, die in der Kirche die Möglichkeit einer höheren Bildung haben, vor der Versuchung gewarnt, ein »gewisse[s] »Überlegenheitsgefühl gegenüber den anderen Gläubigen«[41] zu entwickeln. In Wirklichkeit sollte das, was wir zu wissen glauben, immer ein Ansporn sein, auf die Liebe Gottes besser zu antworten, denn »man lernt für das Leben: Theologie und Heiligkeit gehören untrennbar zusammen«.[42]

46. Als der heilige Franz von Assisi sah, dass einige seiner Jünger in der Lehre unterrichteten, wollte er die Versuchung des Gnostizismus unterbinden. Deshalb schrieb er dem heiligen Antonius von Padua: »Es gefällt mir, dass du den Brüdern die heilige Theologie vorträgst, wenn du nur nicht durch dieses Studium den Geist des Gebetes und der Hingabe auslöschst.«[43] Er erkannte die Versuchung, die christliche Erfahrung in eine Ansammlung von geistigen Gedankenspielen umzuwandeln, die uns letztlich von der Frische des Evangeliums entfernen. Der heilige Bonaventura machte seinerseits darauf aufmerksam, dass die wahre christliche Weisheit nicht von der Barmherzigkeit gegenüber dem

Nächsten getrennt werden darf: »Die größte Weisheit, die es geben kann, besteht darin, das fruchtbringend zu verteilen, was man zu geben hat, das, was man eben empfangen hat, um es auszuteilen [...]. Deshalb ist, so wie die Barmherzigkeit Freundin der Weisheit ist, der Geiz ihr Feind.«[44] »Es gibt Tätigkeiten, die, wenn sie sich mit der Kontemplation verbinden, diese nicht behindern, sondern erleichtern, wie die Werke der Barmherzigkeit und der Frömmigkeit.«[45]

Der gegenwärtige Pelagianismus

47. Der Gnostizismus hat zu einer weiteren alten Häresie geführt, die auch heute anzutreffen ist. Im Laufe der Zeit begannen viele zu erkennen, dass es nicht die Erkenntnis ist, welche uns besser oder heiliger macht, sondern das Leben, das wir führen. Das Problem ist, dass dies langsam auf subtile Weise verfremdet wurde, sodass der gleiche Fehler der Gnostiker bloß verwandelt, aber nicht überwunden wurde.

48. Denn einige begannen, die Macht, welche die Gnostiker dem Verstand beimaßen, dem menschlichen Willen zuzuerkennen, der persönlichen Anstrengung. So kamen die Pelagianer und die Semipelagianer auf. Es war nicht mehr der Verstand, der den Platz des Geheimnisses und der Gnade einnahm, sondern der Wille. Man vergaß, dass »es nicht auf das Wollen und Laufen des Menschen ankommt, sondern auf den sich erbarmenden Gott«

(*Röm* 9,16), und dass »er uns zuerst geliebt hat« (*1 Joh* 4,19).

Ein Wille ohne Demut

49. Diejenigen, die dieser pelagianischen oder semipelagianischen Mentalität entsprechen, verlassen sich, auch wenn sie mit süßlichen Reden von der Gnade Gottes sprechen, »letztlich einzig auf die eigenen Kräfte« und fühlen sich »den anderen überlegen [...], weil sie bestimmte Normen einhalten oder weil sie einem gewissen katholischen Stil der Vergangenheit unerschütterlich treu sind«.[46] Wenn einige von ihnen sich an die Schwachen wenden und ihnen sagen, dass man mit der Gnade Gottes alles kann, pflegen sie im Grunde die Idee zu vermitteln, dass man alles mit dem menschlichen Willen kann, als ob dieser etwas Reines, Vollkommenes, Allmächtiges wäre, zu dem die Gnade hinzukommt. Man gibt vor, nicht darum zu wissen, dass »nicht alle alles können«,[47] und dass in diesem Leben die menschliche Hinfälligkeit nicht vollständig und ein für alle Mal durch die Gnade geheilt wird.[48] Wie der heilige Augustinus lehrte, lädt Gott in manchen Fällen ein, das zu tun, was man kann, und »das zu erbitten, was man nicht kann«,[49] oder aber dem Herrn demütig zu sagen: »Gib, was du verlangst, dann verlange, was du willst.«[50]

50. Wenn es keine aufrichtige, erlittene und durchbetete Anerkennung unserer Grenzen gibt, wird die Gnade im Grunde daran gehindert, wirksam in uns

tätig zu sein. Denn es wird ihr kein Raum gelassen, um gegebenenfalls das Gut zu entwickeln, das zu einem ehrlichen und echten Wachstumsprozess beiträgt.[51] Gerade weil sie unsere Natur voraussetzt, macht uns die Gnade nicht auf einen Schlag zu Übermenschen. Diesen Anspruch zu erheben, hieße übermäßig auf uns selbst zu vertrauen. In diesem Fall könnten unsere Haltungen, hinter der Rechtgläubigkeit versteckt, nicht dem entsprechen, was wir über die Notwendigkeit der Gnade behaupten; und wir vertrauen in den Taten letztlich wenig auf sie. Denn wenn wir unsere konkrete und begrenzte Wirklichkeit nicht erkennen, werden wir auch die wirklichen und möglichen Schritte nicht sehen, die der Herr jeden Augenblick von uns erbittet, nachdem er uns mit seiner Gabe an sich gezogen und befähigt hat. Die Gnade wirkt geschichtlich und ergreift und verwandelt uns üblicherweise nach und nach.[52] Sollten wir diese geschichtliche und fortschreitende Art und Weise ablehnen, könnten wir tatsächlich dazu kommen, sie zu verneinen und zu blockieren, auch wenn wir sie mit unseren Worten preisen.

51. Als Gott sich an Abraham wendet, sagt er: »Ich bin Gott, der Allmächtige. Geh vor mir und sei untadelig!« (*Gen* 17,1). Um untadelig sein zu können, wie es ihm wohlgefällt, müssen wir demütig in seiner Gegenwart leben, eingehüllt in seine Herrlichkeit, wir müssen vereint mit ihm gehen und seine beständige Liebe in unserem Leben erkennen. Wir müssen die Angst vor dieser Gegenwart verlieren, die uns nur guttun kann. Es ist der Vater, der uns das

Leben gegeben hat und uns so sehr liebt. Wenn wir dies einmal akzeptieren und aufhören, unsere Existenz ohne ihn zu denken, verschwindet die Drangsal der Einsamkeit (vgl. *Ps* 138,7). Und wenn wir Gott nicht mehr auf Abstand halten und in seiner Gegenwart leben, werden wir zulassen können, dass er unsere Herzen prüft, um zu erkennen, ob sie auf dem rechten Weg sind (*Ps* 139,23-24). So werden wir den liebenden und vollkommenen Willen Gottes erkennen (vgl. *Röm* 12,1-2) und zulassen, dass er uns wie ein Töpfer formt (vgl. *Jes* 29,16). Wir haben oft gesagt, dass Gott in uns wohnt, aber es ist besser zu sagen, dass wir in ihm wohnen, dass er uns erlaubt, in seinem Licht und seiner Liebe zu leben. Er ist unser Tempel: »Dieses erbitte ich: im Haus des Herrn zu wohnen alle Tage meines Lebens« (*Ps* 27,4). »Besser ist ein einziger Tag in deinen Höfen als tausend andere« (*Ps* 84,11). In ihm sind wir geheiligt.

Eine oftmals vergessene Lehre der Kirche

52. Die Kirche hat wiederholt gelehrt, dass wir nicht durch unsere Werke oder unsere Anstrengungen gerechtfertigt werden, sondern durch die Gnade des Herrn, der die Initiative ergreift. Die Kirchenväter haben schon vor Augustinus mit Klarheit diese grundlegende Überzeugung zum Ausdruck gebracht. Der heilige Johannes Chrysostomos sagte, dass Gott uns die eigentliche Quelle aller Gaben eingießt, »bevor wir in den Kampf eingetreten sind«.[53] Der heilige Basilius der Große unterstrich,

dass der Gläubige sich nur in Gott rühmt, weil »er erkennt, dass er der wahren Gerechtigkeit beraubt worden ist und dass er einzig durch den Glauben an Christus gerechtfertigt wird«.[54]

53. Die zweite Synode von Orange lehrte mit sicherer Autorität, dass kein Mensch die Gabe der göttlichen Gnade einfordern, verdienen oder käuflich erwerben kann und dass jede Mitwirkung mit ihr vorausgehend von der derselben Gnade geschenkt ist: Sogar der Wunsch, rein zu sein, wird »durch die Eingießung und das Wirken des Heiligen Geistes in uns« geweckt.[55] Als das Konzil von Trient später die Bedeutung unserer Mitwirkung für das geistige Wachstum betont hat, bekräftigte es zugleich diese dogmatische Lehre: »Dass wir aber umsonst gerechtfertigt würden, wird deshalb gesagt, weil nichts von dem, was der Rechtfertigung vorhergeht, ob Glaube oder Werke, die Gnade der Rechtfertigung selbst verdient; ›wenn sie nämlich Gnade ist, dann nicht mehr aufgrund von Werken; sonst wäre (wie derselbe Apostel sagt) Gnade nicht mehr Gnade‹ [*Röm* 11,6].«[56]

54. Der Katechismus der Katholischen Kirche erinnert uns auch daran, dass das Geschenk der Gnade »über die Verstandes- und Willenskräfte des Menschen und jedes Geschöpfes hinausgeht«,[57] denn »gegenüber Gott gibt es vonseiten des Menschen kein Verdienst im eigentlichen Sinn. Zwischen ihm und uns besteht eine unermessliche Ungleichheit«.[58] Seine Freundschaft übertrifft uns unendlich, sie kann von uns nicht mit unseren Taten er-

kauft werden, und sie kann nur ein Geschenk seiner Liebesinitiative sein. Dies lädt uns dazu ein, in einer freudigen Dankbarkeit für dieses Geschenk zu leben, das wir niemals verdienen werden, da »nachdem jemand die Gnade schon besitzt, die schon empfangene Gnade nicht unter das Verdienst fallen kann«.[59] Die Heiligen vermeiden es, das Vertrauen in ihre eigenen Handlungen zu setzen: »Am Abend dieses Lebens werde ich mit leeren Händen vor dir erscheinen, denn ich bitte dich nicht, Herr, meine Werke zu zählen. Alle unsere Gerechtigkeiten sind befleckt in deinen Augen.«[60]

55. Dies ist eine der wichtigen, von der Kirche definitiv errungenen Überzeugungen, und sie kommt im Wort Gottes so klar zum Ausdruck, dass sie unbestreitbar ist. So wie das oberste Liebesgebot müsste diese Wahrheit unseren Lebensstil kennzeichnen. Sie speist sich aus dem Herzen des Evangeliums und will, dass wir sie nicht nur geistig annehmen, sondern auch in eine ansteckende Freude verwandeln. Wir werden aber das ungeschuldete Geschenk der Freundschaft mit dem Herrn nicht mit Dankbarkeit feiern können, wenn wir nicht anerkennen, dass auch unsere irdische Existenz und unsere natürlichen Fähigkeiten ein Geschenk sind. Uns tut es not, »jubelnd einzuwilligen, dass unsere Wirklichkeit Gabe ist und dass wir auch unsere Freiheit als Gnade annehmen. Dies ist heutzutage die Schwierigkeit in einer Welt, die glaubt, etwas als Frucht der eigenen Originalität oder der Freiheit für sich selbst zu besitzen.«[61]

56. Nur ausgehend von der in Freiheit aufgenommenen und in Demut angenommenen Gabe Gottes können wir mit unseren Bemühungen daran mitwirken, dass wir uns immer mehr verwandeln lassen.[62] An erster Stelle steht, Gott anzugehören. Es geht darum, dass wir uns ihm darbringen, der uns gegenüber die Initiative ergreift, und ihm unsere Fähigkeiten, unser Engagement, unseren Kampf gegen das Böse und unsere Kreativität schenken, damit seine ungeschuldete Gabe wachsen und sich in uns entwickeln kann: »Ich ermahne euch also, Brüder und Schwestern, kraft der Barmherzigkeit Gottes, eure Leiber als lebendiges, heiliges und Gott wohlgefälliges Opfer darzubringen« (*Röm* 12,1). Die Kirche hat schon immer gelehrt, dass allein die Liebe das Wachstum im Leben der Gnade ermöglicht, denn »hätte [ich] die Liebe nicht, wäre ich nichts« (*1 Kor* 13,2).

Die Neopelagianer

57. Dennoch gibt es Christen, die einen anderen Weg gehen wollen: jenen der Rechtfertigung durch die eigenen Kräfte, jenen der Anbetung des menschlichen Willens und der eigenen Fähigkeit; das übersetzt sich in eine egozentrische und elitäre Selbstgefälligkeit, ohne wahre Liebe. Dies tritt in vielen scheinbar unterschiedlichen Haltungen zutage: dem Gesetzeswahn, der Faszination daran, gesellschaftliche und politische Errungenschaften vorweisen zu können, dem Zurschaustellen der Sorge für die Liturgie, die Lehre und das Ansehen der Kirche, der

mit der Organisation praktischer Angelegenheiten verbundenen Prahlerei oder der Neigung zu Dynamiken von Selbsthilfe und ichbezogener Selbstverwirklichung. Hierfür verschwenden einige Christen ihre Kräfte und ihre Zeit, anstatt sich vom Geist auf den Weg der Liebe führen zu lassen, sich für die Weitergabe der Schönheit und der Freude des Evangeliums zu begeistern und die Verlorengegangenen in diesen unermesslichen Massen, die nach Christus dürsten, zu suchen.[63]

58. Oftmals verwandelt sich das Leben der Kirche, dem Antrieb des Heiligen Geistes entgegen, in ein Museumsstück oder in ein Eigentum einiger weniger. Dies geschieht, wenn einige christliche Gruppierungen der Erfüllung bestimmter eigener Vorschriften, Gebräuche und Stile übermäßige Bedeutung beimessen. Auf diese Weise pflegt man das Evangelium zu beschränken und einzuschnüren und man nimmt ihm so seine fesselnde Einfachheit und sein Aroma. Es ist vielleicht eine subtile Form des Pelagianismus, weil es das Leben der Gnade menschlichen Strukturen zu unterwerfen scheint. Dies betrifft Gruppen, Bewegungen und Gemeinschaften, und es erklärt, wieso sie oftmals mit einem intensiven Leben im Geist beginnen, aber später versteinert enden … oder verdorben.

59. Wenn wir denken, dass alles von der menschlichen Anstrengung abhängt, die durch Vorschriften und kirchliche Strukturen gelenkt wird, verkomplizieren wir unbewusst das Evangelium und werden wieder zu Sklaven eines Schemas, das wenige Po-

ren für das Wirken der Gnade offenlässt. Der heilige Thomas von Aquin hat uns daran erinnert, dass die von der Kirche dem Evangelium hinzugefügten Gebote maßvoll eingefordert werden müssen, »um das Leben der Gläubigen nicht beschwerlich zu machen«, weil sich sonst »unsere Religion in eine Sklaverei verwandeln würde«.[64]

Die Zusammenfassung des Gesetzes

60. Um dies zu vermeiden, ist es heilsam, oft daran zu erinnern, dass es eine Hierarchie der Tugenden gibt, die uns einlädt, das Wesentliche zu suchen. Der Vorrang kommt den göttlichen Tugenden zu, die Gott zum Gegenstand und Beweggrund haben. In ihrem Zentrum steht die Liebe. Das, was wirklich zählt, sagt der der heilige Paulus, ist »der Glaube, der durch die Liebe wirkt« (*Gal* 5,6). Wir sind aufgerufen, die Liebe aufmerksam zu pflegen: »Wer den andern liebt, hat das Gesetz erfüllt. […] Also ist die Liebe die Erfüllung des Gesetzes« (*Röm* 13,8.10). »Denn das ganze Gesetz ist in dem einen (*eni*) Wort erfüllt: Du sollst deinen Nächsten lieben wie dich selbst« (*Gal* 5,14).

61. Mit anderen Worten: Inmitten des Dickichts von Geboten und Vorschriften schlägt Jesus eine Bresche, die uns erlaubt, zwei Gesichter zu erkennen, das des Vaters und das des Bruders. Er überreicht uns nicht zwei weitere Formeln oder Gebote. Er gibt uns zwei Angesichter oder besser ein einziges, das Angesicht Gottes, das sich in vielen widerspie-

gelt. Denn in jedem Bruder oder in jeder Schwester, besonders in dem oder der kleinsten, gebrechlichsten, wehrlosesten und bedürftigsten, ist das Bild Gottes selbst gegenwärtig. Mit dieser verwundbaren Menschheit, die ausgesondert wurde, wird nämlich der Herr am Ende der Zeit sein letztes Werk formen. Denn »was bleibt, was ist wertvoll im Leben, welche Reichtümer schwinden nicht dahin? Sicher zwei: der Herr und der Nächste. Diese beiden Reichtümer schwinden nicht dahin!«[65]

62. Möge der Herr die Kirche von den neuen Formen des Gnostizismus und des Pelagianismus befreien, die sie auf ihrem Weg der Heiligkeit beschweren und aufhalten! Diese Irrwege nehmen verschiedene Formen an entsprechend dem jeweiligen Temperament und Charakter. Deshalb ermahne ich jeden, sich zu fragen und vor Gott zu prüfen, auf welche Weise sie in seinem Leben auftreten können.

DRITTES KAPITEL

IM LICHT DES MEISTERS

63. Es mag viele Theorien darüber geben, was die Heiligkeit ist, mit ausführlichen Erklärungen und Unterscheidungen. Diese Reflexion kann nützlich sein, doch ist nichts erhellender, als sich dem Wort Jesu zuzuwenden und seine Art, die Wahrheit weiterzugeben, umfassender zu betrachten. Jesus erklärte mit aller Einfachheit, was es heißt, heilig zu sein, und er tat dies, als er uns die Seligpreisungen hinterließ (vgl. *Mt* 5,3-12; *Lk* 6,20-23). Sie sind gleichsam der Personalausweis des Christen. Wenn sich also jemand von uns die Frage stellt: »Wie macht man es, ein guter Christ zu werden?«, dann ist die Antwort einfach: Es ist notwendig, dass ein jeder auf seine Weise das tut, was Jesus in den Seligpreisungen sagt.[66] In ihnen zeichnet sich das Antlitz des Meisters ab; wir sind gerufen, es im Alltag unseres Lebens durchscheinen zu lassen.

64. Das Wort »glücklich« oder »selig« wird zum Synonym für »heilig«, denn es drückt aus, dass der Mensch, der Gott treu ist und nach seinem Wort lebt, in seiner Selbsthingabe das wahre Glück erlangt.

65. Die Worte Jesu mögen uns poetisch erscheinen, sie richten sich jedoch deutlich gegen den Strom der Gewohnheit, gegen das, was man in der Gesellschaft so tut; und wenn uns diese Botschaft Jesu auch anzieht, treibt uns die Welt im Grunde zu einem anderen Lebensstil. Die Seligpreisungen sind in keiner Weise unbedeutend oder oberflächlich; im Gegenteil, wir können sie nur leben, wenn uns der Heilige Geist mit seiner ganzen Kraft durchdringt und uns von der Schwäche des Egoismus, der Bequemlichkeit und des Stolzes befreit.

66. Hören wir wieder auf Jesus mit all der Liebe und Achtung, die der Meister verdient. Gestatten wir ihm, dass er uns mit seinen Worten trifft, uns herausfordert, uns zu einer tatsächlichen Änderung des Lebens aufruft. Anderenfalls wird die Heiligkeit nur in Worten bestehen. Rufen wir uns nun die verschiedenen Seligpreisungen in der Version des Matthäusevangeliums in Erinnerung (*Mt* 5,3-12).[67]

»Selig, die arm sind vor Gott; denn ihnen gehört das Himmelreich.«

67. Das Evangelium lädt uns ein, die Wahrheit unseres Herzens zu erkennen, um zu sehen, worauf wir die Sicherheit unseres Lebens setzen. Normalerweise fühlt sich der Reiche sicher mit seinen Reichtümern, und er glaubt, dass, wenn diese gefährdet sind, der ganze Sinn seines Lebens auf Erden zer-

fällt. Jesus selbst sagte es uns im Gleichnis vom reichen Mann, wenn er von diesem sicheren Mann erzählt, der gleich einem Narren nicht daran dachte, dass er noch am gleichen Tag sterben könnte (vgl. *Lk* 12,16-21).

68. Die Reichtümer bieten dir keine Sicherheit. Es ist vielmehr so: Wenn das Herz sich reich fühlt, ist es so zufrieden mit sich selbst, dass kein Platz bleibt für das Wort Gottes, dafür, die Brüder und Schwestern zu lieben oder sich an den wichtigsten Dingen des Lebens zu erfreuen. So beraubt es sich der größten Güter. Daher nennt Jesus die Armen im Geiste glücklich, die ein armes Herz haben, in das der Herr mit seiner steten Neuheit eintreten kann.

69. Diese Armut im Geiste hängt eng mit jener »heiligen Indifferenz« zusammen, die der heilige Ignatius von Loyola darlegte. In ihr erlangen wir eine schöne innere Freiheit: »Deshalb ist es nötig, dass wir uns gegenüber allen geschaffenen Dingen in allem, was der Freiheit unserer freien Entscheidungsmacht gestattet und ihr nicht verboten ist, indifferent machen. Wir sollen also nicht unsererseits mehr wollen: Gesundheit als Krankheit, Reichtum als Armut, Ehre als Ehrlosigkeit, langes Leben als kurzes und genauso folglich in allem sonst.«[68]

70. Lukas spricht nicht von einer Armut »im Geiste«, sondern nur davon, »arm« zu sein (vgl. *Lk* 6,20). So lädt er uns auch zu einem schlichten und genügsamen Leben ein. Auf diese Weise ruft er uns auf, das Leben mit den Notleidenden zu teilen, das Leben, das die Apostel führten, und uns letztendlich

Jesus gleichförmig zu machen: »Er, der reich war, wurde [...] arm« (*2 Kor* 8,9).

Im Herzen arm sein, das ist Heiligkeit.

»Selig die Sanftmütigen; denn sie werden das Land erben.«

71. Das ist eine starke Aussage in einer Welt, die seit Anbeginn ein Ort der Feindschaft ist, wo überall gestritten wird, wo auf allen Seiten Hass herrscht, wo wir ständig die anderen klassifizieren, nach ihren Ideen und Gewohnheiten bis hin zu ihrer Art zu sprechen oder sich anzuziehen. Letztendlich ist es ein Reich des Stolzes und der Eitelkeit, wo ein jeder glaubt, das Recht zu haben, sich über die anderen zu erheben. Obwohl es unmöglich erscheint, schlägt Jesus dennoch einen anderen Stil vor: Sanftmut. Das ist es, was er mit seinen eigenen Jüngern praktiziert und was wir bei seinem Einzug in Jerusalem beobachten können: »Siehe, dein König kommt zu dir. Er ist sanftmütig und er reitet auf einer Eselin« (*Mt* 21,5; vgl. *Sach* 9,9).

72. Er sagte: »Lernt von mir; denn ich bin gütig und von Herzen demütig; und ihr werdet Ruhe finden für eure Seele« (*Mt* 11,29). Wenn wir hochmütig und stolz vor den anderen leben, sind wir am Ende müde und erschöpft. Wenn wir aber ihre Grenzen und Fehler mit Milde und Sanftmut sehen, ohne uns für besser zu halten, dann können wir ihnen zur Hand gehen und vermeiden, unsere Energie in

unnützen Klagen zu verschwenden. Für die heilige Thérèse von Lisieux besteht »die vollkommene Liebe darin [...], die Fehler der anderen zu ertragen, sich nicht über ihre Schwächen zu wundern«.[69]

73. Paulus erwähnt die Sanftmut als eine Frucht des Heiligen Geistes (vgl. *Gal* 5,23). Er schlägt vor, dass wir, wenn uns die Verfehlungen des Bruders oder der Schwester Sorgen machen, uns nähern sollen, um ihn oder sie zurechtzuweisen, aber »im Geist der Sanftmut« (*Gal* 6,1). Dabei mahnt er: »Gib Acht, dass du nicht selbst in Versuchung gerätst!« (*ebd.*). Auch wenn man seinen Glauben und seine Überzeugung verteidigt, muss man es »bescheiden« tun (*1 Petr* 3,16), und selbst die Gegner müssen »mit Güte« behandelt werden (*2 Tim* 2,25). In der Kirche haben wir uns oft verfehlt, weil wir diesem Auftrag des göttlichen Wortes nicht entsprochen haben.

74. Die Sanftmut ist ein anderer Ausdruck für die innere Armut dessen, der sein Vertrauen allein auf Gott setzt. Deswegen verwendet die Bibel für gewöhnlich das gleiche Wort *anawim* in Bezug auf die Armen und auf die Sanftmütigen. Es könnte jemand einwenden: »Wenn ich so sanftmütig bin, werden sie denken, ich sei ein Dummkopf, ich sei blöd oder schwach.« Manchmal mag es so sein, doch lassen wir es zu, dass die anderen das denken. Es ist besser, immer sanftmütig zu sein; unsere größten Wünsche werden sich dann erfüllen: Die Sanftmütigen »werden das Land erben«, das heißt, in ihrem Leben werden sich die Verheißungen Gottes erfüllen. Denn gegen alle Umstände hoffen die Sanftmütigen

auf den Herrn, »die aber auf den Herrn hoffen, sie werden das Land besitzen […] ihre Lust haben an der Fülle des Friedens« (*Ps* 37,9.11). Gleichzeitig vertraut der Herr auf sie: »Auf den blicke ich: auf den Armen und auf den, der zerschlagenen Geistes ist und der zittert vor meinem Wort« (*Jes* 66,2).

Mit demütiger Sanftmut reagieren, das ist Heiligkeit.

»Selig die Trauernden; denn sie werden getröstet werden.«

75. Die Welt schlägt uns das Gegenteil vor: Unterhaltung, Genuss, Zerstreuung, Vergnügen. Eben das macht das Leben gut, so sagt sie uns. Der weltlich Gesinnte beachtet es nicht, er schaut weg, wenn es in der Familie oder in seiner Umgebung Probleme durch Krankheit oder Leid gibt. Die Welt will nicht trauern: Sie zieht es vor, leidvolle Situationen zu ignorieren, zu verdecken oder zu verstecken. Man verschwendet viel Energie darauf, den Umständen zu entkommen, in denen das Leiden gegenwärtig ist, und glaubt dabei, dass es möglich ist, die Wirklichkeit zu verschleiern, in der nie, niemals, das Kreuz fehlen kann.

76. Der Mensch, der die Dinge sieht, wie sie wirklich sind, der sich vom Schmerz durchdringen lässt und in seinem Herzen weint, ist fähig, die Tiefen des Lebens zu berühren und wahrhaft glücklich zu sein.[70] Dieser Mensch wird getröstet, aber mit dem

Trost Jesu und nicht mit dem der Welt. So kann er sich trauen, fremdes Leid zu teilen, und hört auf, vor den schmerzvollen Situationen zu fliehen. Auf diese Weise findet er, dass das Leben Sinn hat, wenn man dem anderen in seinem Schmerz beisteht, wenn man die fremde Angst versteht, wenn man den anderen Erleichterung verschafft. Dieser Mensch spürt, dass der andere Fleisch von seinem Fleisch ist; er fürchtet sich nicht davor, sich zu nähern und sogar seine Wunde zu berühren; er hat solches Mitleid, das ihn erfahren lässt, dass alle Distanz verschwindet. So kann man die Ermahnung des heiligen Paulus annehmen: »Weint mit den Weinenden!« (*Röm* 12,15).

Mit den anderen zu trauern wissen, das ist Heiligkeit.

»Selig, die hungern und dürsten nach der Gerechtigkeit; denn sie werden gesättigt werden.«

77. Hunger und Durst sind sehr intensive Erfahrungen, weil sie den Grundbedürfnissen entsprechen und mit dem Selbsterhaltungstrieb zu tun haben. Es gibt Menschen, die mit derselben Intensität die Gerechtigkeit begehren und mit großer Sehnsucht nach ihr streben. Jesus sagt, sie werden gesättigt werden, da früher oder später die Gerechtigkeit kommt. Wir können daran mitarbeiten, damit das möglich wird, selbst wenn wir nicht immer die Früchte dieses Einsatzes sehen.

78. Die Gerechtigkeit, die Jesus anbietet, ist jedoch nicht wie die, nach der die Welt trachtet, die oft von schäbigen Interessen befleckt und von der einen oder anderen Seite manipuliert wird. Die Realität zeigt uns, wie leicht es ist, Korruptionsbanden beizutreten oder die tägliche Politik des »do ut des« mitzumachen, wo alles Geschäft ist. Und wie viele Menschen leiden unter Ungerechtigkeit, wie viele müssen ohnmächtig zusehen, wie die anderen abwechselnd den Kuchen des Lebens unter sich aufteilen. Einige geben auf, für die wahre Gerechtigkeit zu kämpfen, und entscheiden sich dafür, sich auf die Siegerseite zu schlagen. Das hat nichts mit dem Hunger und Durst nach Gerechtigkeit zu tun, den Jesus lobpreist.

79. Diese Gerechtigkeit wird im Leben eines jeden Wirklichkeit, wenn er in seinen eigenen Entscheidungen gerecht ist, und drückt sich dann in der Suche nach Gerechtigkeit für die Armen und Schwachen aus. Gewiss kann das Wort »Gerechtigkeit« Synonym für die Treue zu Gottes Willen in unserem ganzen Leben sein. Wenn wir sie jedoch in sehr allgemeinem Sinn verstehen, vergessen wir, dass sie sich vor allem in der Gerechtigkeit gegenüber den Hilflosen zeigt: »Sucht das Recht! Schreitet ein gegen die Unterdrücker! Verschafft den Waisen Recht, streitet für die Witwen! (*Jes* 1,17).

Voll Hunger und Durst die Gerechtigkeit suchen, das ist Heiligkeit.

»Selig die Barmherzigen; denn sie werden Erbarmen finden.«

80. Die Barmherzigkeit beinhaltet zwei Aspekte: den anderen geben, helfen, dienen und ebenso vergeben, verstehen. Matthäus fasst es in der Goldenen Regel so zusammen: »Alles, was ihr wollt, dass euch die Menschen tun, das tut auch ihnen!« (7,12). Der Katechismus erinnert uns, dass dieses Gesetz »in allen Fällen«[71] gilt, besonders wenn jemand »zuweilen vor Situationen [steht], die das Gewissensurteil unsicher und die Entscheidungen schwierig machen«.[72]

81. Geben und vergeben heißt zu versuchen, in unserem Leben einen kleinen Widerschein der Vollkommenheit Gottes, der überreichlich gibt und vergibt, abzubilden. Aus diesem Grund hören wir im Lukasevangelium nicht mehr das Wort: »Seid also vollkommen« (*Mt* 5,48), sondern: »Seid barmherzig, wie auch euer Vater barmherzig ist! Richtet nicht, dann werdet auch ihr nicht gerichtet werden! Verurteilt nicht, dann werdet auch ihr nicht verurteilt werden! Erlasst einander die Schuld, dann wird auch euch die Schuld erlassen werden! Gebt, dann wird auch euch gegeben werden!« (*Lk* 6,36-38). Und dann fügt Lukas etwas hinzu, dass wir nicht übersehen dürfen: »Denn nach dem Maß, mit dem ihr messt und zuteilt, wird auch euch zugeteilt werden« (6,38). Das Maß, das wir verwenden, um zu verstehen und zu vergeben, wird bei uns angewendet werden, um uns zu vergeben. Das Maß, das wir anwenden, um zu geben, wird im Himmel bei uns

angewendet werden, um uns zu vergelten. Das sollten wir nicht vergessen.

82. Jesus sagt nicht: »Selig, die auf Rache sinnen«, sondern er preist die selig, die vergeben und es »bis zu siebzigmal siebenmal« (*Mt* 18,22) tun. Wir müssen daran denken, dass wir alle ein Heer von Begnadigten sind. Wir alle wurden mit göttlichem Erbarmen angeschaut. Wenn wir uns ehrlich dem Herrn nähern und genau hinhören, werden wir möglicherweise einige Male diesen Tadel vernehmen: »Hättest nicht auch du mit deinem Mitknecht Erbarmen haben müssen, so wie ich mit dir Erbarmen hatte?« (*Mt* 18,33).

Mit Barmherzigkeit sehen und handeln, das ist Heiligkeit.

»Selig, die rein sind im Herzen; denn sie werden Gott schauen.«

83. Diese Seligpreisung bezieht sich auf die, welche ein einfaches, reines Herz haben, frei von Schmutz. Denn ein Herz, das zu lieben weiß, lässt nichts in sein Leben eintreten, was gegen diese Liebe verstößt, nichts, was sie abschwächt oder gefährdet. In der Bibel steht das Herz für unsere wahren Absichten, also für das, was wir über das hinaus, was wir vorgeben, wirklich suchen und ersehnen: »Der Mensch sieht, was vor den Augen ist, der Herr aber sieht das Herz« (*1 Sam* 16,7). Der Herr möchte uns zu Herzen reden (vgl. *Hos* 2,16) und will sein Ge-

setz darauf schreiben (vgl. *Jer* 31,33). Letztendlich will er uns ein neues Herz schenken (vgl. *Ez* 36,26).

84. »Mehr als alles hüte dein Herz« (*Spr* 4,23). Nichts, was durch Falschheit beschmutzt ist, hat echten Wert für den Herrn. Er »flieht vor der Falschheit, er entfernt sich von unverständigen Gedanken« (*Weish* 1,5). Der Vater, der »das Verborgene sieht« (*Mt* 6,6), erkennt, was nicht rein ist, das heißt, was nicht ehrlich ist, sondern nur Schale und Anschein, so wie auch der Sohn weiß, was in jedem Menschen ist (vgl. *Joh* 2,25).

85. Gewiss, es gibt keine Liebe ohne Werke der Liebe, aber diese Seligpreisung ruft uns in Erinnerung, dass der Herr eine Hingabe an den Bruder oder die Schwester erwartet, die aus dem Herzen entspringt, denn »wenn ich meine ganze Habe verschenkte und wenn ich meinen Leib opferte, um mich zu rühmen, hätte aber die Liebe nicht, nützte es mir nichts« (*1 Kor* 13,3). Im Matthäusevangelium sehen wir ebenso: Das, was »aus dem Herzen [kommt,] macht den Menschen unrein« (15,18), denn von dort kommen Mord, Diebstahl, falsche Zeugenaussagen und andere böse Taten (vgl. 15,19). In den Absichten des Herzens haben die Wünsche und die tieferen Entscheidungen, die uns wirklich bewegen, ihren Ursprung.

86. Wenn das Herz Gott und den Nächsten liebt (vgl. *Mt* 22,36-40), wenn dies seine echte Absicht ist und nicht leere Worte, dann ist dieses Herz rein und kann Gott schauen. Der heilige Paulus ruft uns in seinem Hohelied der Liebe in Erinnerung: »Jetzt schauen wir in einen Spiegel und sehen nur rätsel-

hafte Umrisse« (*1 Kor* 13,12), aber in dem Maß, in dem die Liebe wirklich herrscht, werden wir fähig werden zu schauen »von Angesicht zu Angesicht« (*ebd.*). Jesus verheißt: Die reinen Herzens sind, »werden Gott schauen«.

Das Herz rein halten von allem, was die Liebe befleckt, das ist Heiligkeit.

»Selig, die Frieden stiften; denn sie werden Kinder Gottes genannt werden.«

87. Diese Seligpreisung lässt uns an die zahlreichen Kriegssituationen denken, die sich wiederholen. Es kommt häufig vor, dass wir Auseinandersetzungen oder zumindest Missverständnisse verursachen. Zum Beispiel, wenn ich etwas über jemanden höre, zu einem anderen gehe und es ihm weitersage; dabei mache ich vielleicht eine zweite, etwas erweiterte Version daraus und verbreite sie. Wenn ich damit mehr Schaden anrichten kann, scheint es mir größere Befriedigung zu bereiten. Die Welt des Geredes, gemacht von Menschen, die gerne kritisieren und zerstören, baut den Frieden nicht auf. Diese Menschen sind vielmehr Feinde des Friedens und in keiner Weise selig.[73]

88. Die Friedfertigen sind Quelle des Friedens, sie bauen Frieden und soziale Freundschaft auf. Denen, die sich darum bemühen, überall Frieden zu säen, macht Jesus eine schöne Verheißung: »Sie werden Kinder Gottes genannt werden« (*Mt* 5,9). Er trug

seinen Jüngern auf, beim Betreten eines Hauses zu sagen: »Friede diesem Haus!« (*Lk* 10,5). Das Wort Gottes fordert jeden Gläubigen dazu auf, »zusammen mit allen« nach Frieden zu streben (vgl. *2 Tim* 2,22), denn »die Frucht der Gerechtigkeit wird in Frieden für die gesät, die Frieden schaffen« (*Jak* 3,18). Wenn wir manchmal in unserer Gemeinschaft Zweifel darüber haben, was zu tun ist, dann »lasst uns also dem nachjagen, was dem Frieden dient« (*Röm* 14,19), denn die Einheit steht über dem Konflikt.[74]

89. Es ist nicht einfach, diesen Frieden des Evangeliums aufzubauen, der niemanden ausschließt, sondern der auch die einschließt, die etwas seltsam sind, die schwierigen und komplizierten Menschen, diejenigen, die nach Aufmerksamkeit verlangen, die verschieden sind, die vom Leben schwer getroffen wurden, die andere Interessen haben. Es ist hart und erfordert eine große Weite des Denkens und des Herzens, weil es nicht um »einen Konsens auf dem Papier […] oder einen oberflächlichen Frieden für eine glückliche Minderheit«[75] geht noch um einen »Plan einiger weniger für einige wenige«.[76] Ebenso wenig geht es darum zu versuchen, die Konflikte zu ignorieren oder sie zu verschleiern, sondern um »die Bereitschaft, den Konflikt zu erleiden, ihn zu lösen und zum Ausgangspunkt eines neuen Prozesses zu machen«.[77] Es geht darum, Handwerker des Friedens zu sein, weil den Frieden aufzubauen eine Kunst ist, die Gelassenheit, Kreativität, Feingefühl und Geschicklichkeit erfordert.

Um uns herum Frieden säen, das ist Heiligkeit.

»Selig, die verfolgt werden um der Gerechtigkeit willen; denn ihnen gehört das Himmelreich.«

90. Jesus selbst betont, dass dieser Weg gegen den Strom geht, ja so weit führt, dass wir zu Menschen werden, die mit ihrem Leben die Gesellschaft infrage stellen, zu Personen, die stören. Jesus erinnert daran, wie viele Menschen verfolgt werden und wurden, einfach weil sie für die Gerechtigkeit gekämpft haben, weil sie ihr Engagement für Gott und für die anderen gelebt haben. Wenn wir nicht in einer blassen Mittelmäßigkeit versinken wollen, dürfen wir kein bequemes Leben anstreben, denn »wer sein Leben retten will, wird es verlieren« (*Mt* 16,25).

91. Man kann nicht erwarten, dass alles um uns herum günstig dafür ist, um das Evangelium zu leben. Oft stehen nämlich Machtambitionen und weltliche Interessen im Weg. Der heilige Johannes Paul II. sagte: »Entfremdet wird eine Gesellschaft, die in ihren sozialen Organisationsformen, in Produktion und Konsum, die Verwirklichung [der] Hingabe und die Bildung [der] zwischenmenschlichen Solidarität erschwert.«[78] In einer solchen entfremdeten Gesellschaft, die gefangen ist in einem politischen, medialen, wirtschaftlichen, kulturellen und sogar religiösen Geflecht, das ihre authentische menschliche und soziale Entwicklung behindert, gestaltet es sich schwierig, die Seligpreisungen zu leben, ja dies kann geradezu verpönt, beargwöhnt oder lächerlich gemacht werden.

92. Das Kreuz, vor allem die Erschöpfung und die Schmerzen, die wir ertragen, um das Gebot der Liebe zu leben und den Weg der Gerechtigkeit zu gehen, ist Quelle der Reifung und der Heiligung. Denken wir daran, dass das Neue Testament, wenn es von den Leiden spricht, die um des Evangeliums willen ertragen werden müssen, sich eben auf die Verfolgungen bezieht (vgl. *Apg* 5,41; *Phil* 1,29; *Kol* 1,24; *2 Tim* 1,12; *1 Petr* 2,20; 4,14-16; *Offb* 2,10).

93. Wir sprechen jedoch von den unausweichlichen Verfolgungen, nicht von denen, die wir selbst durch eine missverständliche Art und Weise, die anderen zu behandeln, verursachen können. Ein Heiliger ist kein abgehobener Sonderling, der unausstehlich wird wegen seiner Eitelkeit, seiner Negativität und seinem Unmut. Die Apostel Christi waren nicht so. Die Apostelgeschichte erzählt nachdrücklich, dass sie Gunst »beim ganzen Volk« fanden (*Apg* 2,47; vgl. 4,21.33; 5,13), während manche, die etwas zu sagen hatten, sie drangsalierten und verfolgten (vgl. *Apg* 4,1-3; 5,17-18).

94. Die Verfolgungen sind keine Realität der Vergangenheit; auch heute erleiden wir sie, sei es auf blutige Weise, wie viele Märtyrer unserer Zeit, oder auf subtilere Weise durch Verleumdungen und Unwahrheiten. Jesus sagt, dass wir selig sein werden, wenn man »alles Böse über euch redet um meinetwillen« (*Mt* 5,11). Andere Male handelt es sich um Verspottungen, die unseren Glauben verzerren und uns als lächerlich darstellen wollen.

Jeden Tag den Weg des Evangeliums annehmen, auch wenn er Schwierigkeiten mit sich bringt, das ist Heiligkeit.

Der große Maßstab

95. Im Kapitel 25 des Matthäusevangeliums (Verse 31-46) verweilt Jesus erneut bei einer dieser Seligpreisungen, nämlich bei der, welche die Barmherzigen selig nennt. Wenn wir die Heiligkeit suchen, die in Gottes Augen gefällt, dann entdecken wir gerade in diesem Text einen Maßstab, nach dem wir geurteilt werden: »Denn ich war hungrig und ihr habt mir zu essen gegeben; ich war durstig und ihr habt mir zu trinken gegeben; ich war fremd und ihr habt mich aufgenommen; ich war nackt und ihr habt mir Kleidung gegeben; ich war krank und ihr habt mich besucht; ich war im Gefängnis und ihr seid zu mir gekommen« (25,35-36).

Aus Treue zum Meister

96. Heilig sein bedeutet daher nicht, in einer vermeintlichen Ekstase die Augen zu verdrehen. Es sagte schon der heilige Johannes Paul II.: »Wenn wir wirklich von der Betrachtung Christi ausgegangen sind, werden wir in der Lage sein, ihn vor allem im Antlitz derer zu erkennen, mit denen er sich selbst gern identifiziert hat.«[79] Die Aussage von *Matthäus* 25,35-36 »ist nicht nur eine Aufforderung zur

Nächstenliebe; sie ist ein Stück Christologie, das einen Lichtstrahl auf das Geheimnis Christi wirft«.[80] In diesem Aufruf, ihn in den Armen und Leidenden zu erkennen, offenbart sich das Herz Christi selbst, seine Gesinnung und seine innersten Entscheidungen, die jeder Heilige nachzuahmen sucht.

97. Angesichts dieser schlagkräftigen Aufforderungen Jesu ist es meine Pflicht, die Christen zu bitten, sie anzunehmen und zu empfangen, und zwar *»sine glossa«*, das heißt, ohne Kommentar, ohne Ausflüchte und Ausreden, die ihnen Kraft entziehen. Der Herr hat uns ganz deutlich gesagt, dass die Heiligkeit weder verstanden noch gelebt werden kann, wenn man von seinen Forderungen absieht, denn die Barmherzigkeit ist »das pulsierende Herz des Evangeliums«.[81]

98. Wenn ich einem Menschen begegne, der in einer kalten Nacht unter freiem Himmel schläft, kann ich fühlen, dass dieser arme Wicht etwas Unvorhergesehenes ist, das mir dazwischenkommt, ein Nichtsnutz und Gauner, ein Störenfried auf meinem Weg, ein lästiger Stachel für mein Gewissen, ein Problem, das die Politiker lösen müssen, und vielleicht sogar ein Abfall, der den öffentlichen Bereich verschmutzt. Oder ich kann aus dem Glauben und der Liebe heraus reagieren und in ihm ein menschliches Wesen erkennen, mit gleicher Würde wie ich, ein vom Vater unendlich geliebtes Geschöpf, ein Abbild Gottes, ein von Jesus Christus erlöster Bruder oder erlöste Schwester. Das heißt es, Christ zu sein! Oder kann man etwa die Heiligkeit abseits dieses konkre-

ten Anerkennens der Würde jedes menschlichen Wesens verstehen?[82]

99. Dies bringt für die Christen eine gesunde bleibende Unruhe mit sich. Auch wenn die Unterstützung einer einzigen Person schon alle unsere Anstrengungen rechtfertigt, ist es nicht genug für uns. Die Bischöfe Kanadas haben dies deutlich zum Ausdruck gebracht. In ihren biblischen Katechesen über das Jubeljahr haben sie zum Beispiel gezeigt, dass es nicht bloß darum geht, einige gute Werke zu vollbringen, sondern darum, einen gesellschaftlichen Wandel anzustreben: »Damit die künftigen Generationen auch befreit wären, musste das Ziel klar darin liegen, gerechte soziale und wirtschaftliche Systeme wiederherzustellen, damit es keine Exklusion mehr geben könnte.«[83]

Die Ideologien, die den Kern des Evangeliums entstellen

100. Ich bedaure, dass uns die Ideologien oft zu zwei schädlichen Fehlern verleiten. Einerseits zu dem jener Christen, die diese Forderungen des Evangeliums von ihrer persönlichen Beziehung zum Herrn, von ihrer inneren Verbindung mit ihm, von der Gnade trennen. So wird das Christentum zu einer Art NGO, es wird jener leuchtenden Spiritualität beraubt, die der heilige Franz von Assisi, der heilige Vinzenz von Paul, die heilige Teresa von Kalkutta und viele andere so klar gelebt und sichtbar gemacht haben. Weder das Gebet noch die Liebe zu

Gott oder das Lesen des Evangeliums gaben diesen großen Heiligen Anlass dazu, die Leidenschaft und die Wirksamkeit ihrer Hingabe an den Nächsten zu verringern, ganz im Gegenteil.

101. Schädlich und ideologisch ist ebenso der Fehler derer, die in ihrem Leben dem sozialen Einsatz für die anderen misstrauen, weil sie ihn für oberflächlich, weltlich, säkularisiert, immanentistisch, kommunistisch oder populistisch halten, oder die ihn relativieren, als würde es wichtigere Dinge geben bzw. als würde er nur eine bestimmte von ihnen verteidigte Ethik oder ein entsprechendes Argument betreffen. Die Verteidigung des ungeborenen unschuldigen Lebens zum Beispiel muss klar, fest und leidenschaftlich sein, weil hier die Würde des menschlichen Lebens, das immer heilig ist, auf dem Spiel steht und es die Liebe zu jeder Person unabhängig von ihrer Entwicklungsstufe verlangt. Aber gleichermaßen heilig ist das Leben der Armen, die schon geboren sind und sich herumschlagen mit dem Elend, mit der Verlassenheit, der Ausgrenzung, dem Menschenhandel, mit der versteckten Euthanasie der Kranken und Alten, denen keine Aufmerksamkeit geschenkt wird, mit den neuen Formen von Sklaverei und jeder Form des Wegwerfens.[84] Wir können kein Heiligkeitsideal in Erwägung ziehen, das die Ungerechtigkeit dieser Welt nicht sieht, wo einige feiern, fröhlich verbrauchen und ihr Leben auf die Neuheiten des Konsums reduzieren, während andere nur von außen zuschauen können und gleichzeitig ihr Leben weiter voranschreitet und armselig zu Ende geht.

102. Oft hört man, dass angesichts des Relativismus und der Grenzen der heutigen Welt beispielsweise die Lage der Migranten eine weniger wichtige Angelegenheit wäre. Manche Katholiken behaupten, es sei ein nebensächliches Thema gegenüber den »ernsthaften« Themen der Bioethik. Dass ein um seinen Erfolg besorgter Politiker so etwas sagt, kann man verstehen, aber nicht ein Christ, zu dem nur die Haltung passt, sich in die Lage des Bruders und der Schwester zu versetzen, die ihr Leben riskieren, um ihren Kindern eine Zukunft zu bieten. Sehen wir, dass es genau das ist, was Jesus von uns verlangt, wenn er uns sagt, dass wir in jedem Fremden ihn selbst aufnehmen? (Vgl. *Mt* 25,35.) Der heilige Benedikt hat dies ohne Vorbehalte angenommen. So hat er, auch wenn dies das Leben der Mönche »verkomplizieren« könnte, festgelegt, dass alle Gäste, die zum Kloster kommen, »wie Christus«[85] aufgenommen werden sollen, indem ihnen sogar Zeichen der Verehrung erwiesen werden[86], und dass die Armen und Pilger vor allem mit »Eifer und Sorge«[87] behandelt werden sollen.

103. Ähnliches legt das Alte Testament dar, wenn es sagt: »Einen Fremden sollst du nicht ausnützen oder ausbeuten, denn ihr selbst seid im Land Ägypten Fremde gewesen« (*Ex* 22,20). »Wenn bei dir ein Fremder in eurem Land lebt, sollt ihr ihn nicht unterdrücken. Der Fremde, der sich bei euch aufhält, soll euch wie ein Einheimischer gelten, und du sollst ihn lieben wie dich selbst; denn ihr seid selbst Fremde in Ägypten gewesen« (*Lev* 19,33-34). Es handelt sich daher nicht um die Erfindung eines Papstes

oder um eine momentane Begeisterung. Auch wir sind im gegenwärtigen Kontext berufen, den Weg der geistlichen Erleuchtung zu leben, den uns der Prophet Jesaja zeigt, wenn er sich fragt, was dem Herrn gefällt: »Bedeutet es nicht, dem Hungrigen dein Brot zu brechen, obdachlose Arme ins Haus aufzunehmen, wenn du einen Nackten siehst, ihn zu bekleiden und dich deiner Verwandtschaft nicht zu entziehen. Dann wird dein Licht hervorbrechen wie das Morgenrot« (58,7-8).

Der Gottesdienst, der Gott mehr gefällt

104. Wir denken vielleicht, dass wir Gott die Ehre nur mit dem Gottesdienst und dem Gebet geben oder wenn wir lediglich einige ethische Vorschriften beachten – in der Tat kommt der Beziehung zu Gott der Vorrang zu –, und vergessen dabei, dass das Kriterium für die Beurteilung unseres Lebens vor allem darin besteht, was wir den anderen getan haben. Das Gebet ist wertvoll, wenn es eine tägliche liebende Hingabe fördert. Unser Gottesdienst ist dem Herrn wohlgefällig, wenn wir dort unsere Vorsätze, großherzig zu leben, hineintragen und wenn wir zulassen, dass die Gabe Gottes, die wir im Gottesdienst empfangen haben, in der Hingabe an die Brüder und Schwestern sichtbar wird.

105. Aus demselben Grund besteht die beste Art und Weise zu beurteilen, ob unser Weg des Gebets authentisch ist, darin zu beobachten, in welchem Maß sich unser Leben im Licht der Barmherzigkeit ver-

wandelt. Denn die »Barmherzigkeit [ist] nicht nur eine Eigenschaft des Handelns Gottes. […] Sie wird vielmehr auch zum Kriterium, an dem man erkennt, wer wirklich seine Kinder sind.«[88] Sie ist »der Tragebalken, der das Leben der Kirche stützt«.[89] Ich möchte einmal mehr unterstreichen: Wenngleich die Barmherzigkeit die Gerechtigkeit und Wahrheit nicht ausschließt, »müssen wir [vor allem] erklären, dass die Barmherzigkeit die Fülle der Gerechtigkeit und die leuchtendste Bekundung der Wahrheit Gottes ist«.[90] Sie ist »der Schlüssel zum Himmel«.[91]

106. Ich kann nicht umhin, an die Frage zu erinnern, die sich der heilige Thomas von Aquin bezüglich unserer größten Handlungen, der äußeren Werke, die unserer Liebe zu Gott am besten Ausdruck verleihen, stellte. Ohne zu zweifeln antwortete er, dass es die Werke der Barmherzigkeit gegenüber dem Nächsten[92] sind, mehr als die Akte des Gottesdienstes: »Wir ehren Gott durch die äußeren Opfer und Geschenke nicht seinetwegen, sondern unseretwegen und des Nächsten wegen; denn er bedarf unserer Opfer nicht, sondern will, dass sie ihm dargebracht werden um unserer Hingabe und um des Nutzens des Nächsten willen. Deshalb ist das Erbarmen, durch das wir dem Elend der anderen zu Hilfe kommen, ein Opfer, das ihm wohlgefälliger ist, weil es dem Nutzen des Nächsten näherkommt.«[93]

107. Wer in Wahrheit Gott mit seinem Leben ehren möchte, wer sich wirklich nach der Heiligung sehnt, damit sein Dasein Gott, den Heiligen, verherrlicht, der ist berufen, sich voll Leidenschaft zu verzehren

und abzuplagen im Bemühen, die Werke der Barmherzigkeit zu leben. Eben dies hat die heilige Teresa von Kalkutta sehr gut verstanden: »Ja, ich habe viele menschliche Schwächen, viele menschliche Armseligkeiten. [...] Aber er erniedrigt sich und bedient sich unser – deiner und meiner –, damit wir seine Liebe und sein Mitleid in der Welt sind, trotz unserer Sünden, trotz unserer Armseligkeiten und unserer Fehler. Er hängt von uns ab, um die Welt zu lieben und ihr zu zeigen, wie sehr er sie liebt. Wenn wir uns zu sehr um uns selbst kümmern, bleibt uns keine Zeit für die anderen.«[94]

108. Der hedonistische Konsumismus kann uns einen bösen Streich spielen, denn in der Vergnügungssucht sind wir schließlich allzu sehr konzentriert auf uns selbst, auf unsere Rechte und auf die verbissene Jagd auf freie Zeit, um das Leben zu genießen. Kraft zur Hilfe für Notleidende aufzubringen und einzusetzen fällt uns schwer, wenn wir nicht eine gewisse Genügsamkeit pflegen und gegen den fieberhaften Kaufzwang der Konsumgesellschaft ankämpfen, der uns am Ende bloß zu unzufriedenen Armen macht, die alles haben und ausprobieren wollen. Auch der Konsum oberflächlicher Nachrichten und die Formen schneller virtueller Kommunikation können ein Faktor von Verblödung sein, der uns unsere ganze Zeit raubt und uns vom leidenden Fleisch der Brüder und Schwestern entfernt. Inmitten dieses aktuellen Trubels erschallt wieder das Evangelium, um uns ein anderes, gesünderes und glücklicheres Leben anzubieten.

* * *

109. Die Kraft des Zeugnisses der Heiligen liegt darin, die Seligpreisungen und den Maßstab des Jüngsten Gerichts zu leben. Es sind wenige, einfache Worte, aber praktisch und für alle gültig; das Christentum ist nämlich vor allem dafür gemacht, gelebt zu werden; wenn es auch Gegenstand von Reflexion ist, so hat dies nur Wert, wenn es hilft, das Evangelium im Alltag zu leben. Ich empfehle nachdrücklich, diese großen biblischen Texte immer wieder zu lesen, sich an sie zu erinnern, mit ihnen zu beten und zu versuchen, sie Gestalt werden zu lassen. Sie werden uns gut tun und uns wahrhaft glücklich machen.

Viertes Kapitel

EINIGE MERKMALE DER HEILIGKEIT IN DER WELT VON HEUTE

110. Innerhalb des großen Rahmens der Heiligkeit, die uns die Seligpreisungen und *Matthäus* 25,31-46 vorlegen, möchte ich einige Merkmale oder spirituelle Ausdrücke aufgreifen, die meines Erachtens nicht fehlen dürfen, um den Lebensstil zu verstehen, zu dem der Herr uns ruft. Ich werde mich nicht dabei aufhalten, die Mittel der Heiligung zu erklären, die wir bereits kennen: die verschiedenartigen Methoden des Gebets, die kostbaren Sakramente der Eucharistie und der Versöhnung, das Opferbringen, die verschiedenen Frömmigkeitsformen, die geistliche Begleitung und viele andere. Ich werde mich nur auf einige Aspekte des Rufes zur Heiligkeit beziehen, von denen ich hoffe, dass sie in besonderer Weise Resonanz finden.

111. Diese Merkmale, die ich hervorheben will, umfassen beileibe nicht alle, die einem Modell von Heiligkeit Gestalt geben können. Es sind jedoch fünf große Bekundungen der Liebe zu Gott und zum Nächsten, die ich als von besonderer Wichtigkeit erachte aufgrund einiger Gefahren und Grenzen der heutigen Kultur. In ihr zeigen sich: die nervöse und heftige Unruhe, die uns zerstreut und schwächt; die negative Einstellung und die Traurigkeit; die bequeme, konsumorientierte und egoistische Trägheit; der Individualismus und viele Formen einer falschen

Spiritualität ohne Gottesbegegnung, die den aktuellen Religionsmarkt beherrschen.

Durchhaltevermögen, Geduld und Sanftmut

112. Das erste dieser wichtigen Merkmale ist, auf Gott hin, der uns liebt und trägt, zentriert und in ihm gefestigt zu sein. Von dieser inneren Gefestigtheit her ist es möglich, die Unannehmlichkeiten zu ertragen und zu erdulden, die Höhen und Tiefen des Lebens, aber auch die Aggressionen der anderen, ihre Treulosigkeiten und Fehler: »Ist Gott für uns, wer ist dann gegen uns?« (*Röm* 8,31). Dies ist die Quelle des Friedens, der sich im Verhalten eines Heiligen zeigt. Ausgehend von einer solchen inneren Gefestigtheit besteht in unserer beschleunigten, unbeständigen und aggressiven Welt das Zeugnis der Heiligkeit aus Geduld und Beständigkeit im Guten. Es ist die Treue der Liebe, denn wer sich auf Gott stützt (griech. *pistis*), der kann auch den Brüdern und Schwestern gegenüber treu sein (griech. *pistós*), lässt sie in schlechten Zeiten nicht im Stich, lässt sich nicht von ihrer Angst anstecken und bleibt beharrlich an der Seite der anderen, auch wenn ihm das keine unmittelbaren Genugtuungen bringt.

113. Der heilige Paulus lud die Römer dazu ein, »niemandem Böses mit Bösem« zu vergelten (*Röm* 12,17), sich »nicht selbst« Gerechtigkeit zu verschaffen (12,19) und sich nicht vom Bösen besiegen zu lassen, sondern »das Böse durch das Gute zu besiegen« (12,21). Diese Haltung ist nicht Aus-

druck von Schwäche, sondern von wahrer Stärke, denn Gott selbst »ist langmütig und groß an Kraft« (*Nah* 1,3). Das Wort Gottes fordert uns auf: »Jede Art von Bitterkeit und Wut und Zorn und Geschrei und Lästerung mit allem Bösen verbannt aus eurer Mitte!« (*Eph* 4,31).

114. Wir müssen kämpfen und aufmerksam sein gegenüber unseren eigenen aggressiven und egozentrischen Neigungen, um sie nicht Wurzeln schlagen zu lassen: »Wenn ihr zürnt, sündigt nicht! Die Sonne soll über eurem Zorn nicht untergehen« (*Eph* 4,26). Wenn es belastende Umstände gibt, können wir immer auf den Anker der inständigen Bitte zurückgreifen, der uns wieder in den Händen Gottes und an der Quelle des Friedens fest macht: »Sorgt euch um nichts, sondern bringt in jeder Lage betend und flehend eure Bitten mit Dank vor Gott! Und der Friede Gottes, der alles Verstehen übersteigt, wird eure Herzen […] bewahren« (*Phil* 4,6-7).

115. Auch Christen können über das Internet und die verschiedenen Foren und Räume des digitalen Austausches Teil von Netzwerken verbaler Gewalt werden. Sogar in katholischen Medien können die Grenzen überschritten werden; oft bürgern sich Verleumdung und üble Nachrede ein, und jegliche Ethik und jeglicher Respekt vor dem Ansehen anderer scheinen außen vor zu bleiben. So entsteht ein gefährlicher Dualismus, weil in diesen Netzwerken Dinge gesagt werden, die im öffentlichen Leben nicht tolerierbar wären, und man versucht, im wütenden Abladen von Rachegelüsten die eigene Un-

zufriedenheit zu kompensieren. Es ist auffällig, dass unter dem Vorwand, andere Gebote zu verteidigen, das achte Gebot – »Du sollst kein falsches Zeugnis geben« – zuweilen komplett übergangen und das Ansehen anderer gnadenlos zerstört wird. Dort zeigt sich ohne Kontrolle, dass die Zunge »eine Welt voll Ungerechtigkeit ist« und »das Rad des Lebens in Brand setzt«, während sie selbst »von der Hölle in Brand gesetzt« wird (*Jak* 3,6).

116. Die innere Gefestigtheit ist ein Werk der Gnade und bewahrt uns davor, uns von der Gewalt mitreißen zu lassen, die sich im sozialen Leben verbreitet. Denn die Gnade schwächt die Eitelkeit ab und ermöglicht die Sanftmut des Herzens. Der Heilige verschwendet seine Energien nicht damit, über fremde Fehler zu klagen; er kann über die Schwächen seiner Brüder und Schwestern schweigen und vermeidet verbale Gewalt, die zerstört und misshandelt; er hält sich nämlich nicht für würdig, den anderen gegenüber hart zu sein, sondern schätzt sie vielmehr »höher ein als sich selbst« (*Phil* 2,3).

117. Es tut uns nicht gut, von oben herabzuschauen, die Rolle gnadenloser Richter einzunehmen, die anderen für unwürdig zu halten und ständig Belehrungen geben zu wollen. Dies ist eine subtile Form der Gewalt.[95] Der heilige Johannes vom Kreuz schlug etwas anderes vor: »Sei stets mehr ein Freund davon, von allen belehrt zu werden, als auch nur den Geringsten von allen belehren zu wollen.«[96] Und er fügte einen Ratschlag hinzu, um den Feind fernzuhalten: »Indem du dich über das Gute bei den ande-

ren genauso freust wie über das deine und wünschst – und zwar mit aufrichtigem Herzen –, dass man ihnen in allem den Vorrang vor dir gebe. Auf diese Weise wirst du das Böse durch das Gute besiegen und den bösen Geist weit vertreiben und Herzensfreude erlangen. Bemühe dich, das noch mehr denen gegenüber zu üben, die dir am wenigsten gefallen. Und wisse, dass du, wenn du dies nicht ausübst, weder zur wahren Nächstenliebe gelangen noch in ihr vorankommen wirst.«[97]

118. Die Demut kann im Herzen nur durch Demütigungen Wurzeln schlagen. Ohne sie gibt es weder Demut noch Heiligkeit. Wenn du nicht fähig bist, einige Demütigungen zu ertragen und aufzuopfern, so bist du nicht demütig und befindest dich nicht auf dem Weg der Heiligkeit. Die Heiligkeit, die Gott seiner Kirche schenkt, kommt durch die Demütigung seines Sohnes, das ist der Weg. Die Demütigung macht dich Jesus ähnlich, sie ist unumgänglicher Teil der Nachfolge Christi: »Christus hat für euch gelitten und euch ein Beispiel gegeben, damit ihr seinen Spuren folgt« (*1 Petr* 2,21). Er bringt seinerseits die Demut des Vaters zum Ausdruck, der sich demütigt, um mit seinem Volk unterwegs zu sein, der dessen Treulosigkeiten und Murren erträgt (vgl. *Ex* 34,6-9; *Weish* 11,23-12,2; *Lk* 6,36). Aus diesem Grund »freuten sich« die Apostel nach ihrer Demütigung, »dass sie gewürdigt worden waren, für Jesu Namen Schmach zu erleiden« (*Apg* 5,41).

119. Ich beziehe mich nicht nur auf die grausamen Situationen des Martyriums, sondern auf die alltäg-

lichen Demütigungen jener, die schweigen, um ihre Familie zu retten; oder die es vermeiden, gut von sich selbst zu sprechen, und es vorziehen, andere zu preisen, anstatt sich selbst zu rühmen; die weniger glanzvolle Aufgaben wählen und es sogar manchmal vorziehen, etwas Ungerechtes zu ertragen, um es dem Herrn aufzuopfern: »Wenn ihr aber recht handelt und trotzdem Leiden erduldet, das ist eine Gnade in den Augen Gottes« (*1 Petr* 2,20). Das bedeutet nicht, mit gesenktem Kopf umherzulaufen, wenig zu sprechen oder die Gesellschaft zu fliehen. Manchmal kann jemand – gerade weil er von der Ichbezogenheit befreit ist – es wagen, auf liebevolle Weise zu diskutieren, Gerechtigkeit einzufordern oder die Schwachen vor den Mächtigen zu verteidigen, auch wenn ihm das negative Folgen für sein Ansehen einbringt.

120. Ich sage nicht, dass die Demütigung etwas Angenehmes ist – denn das wäre Masochismus –, sondern dass es sich um einen Weg handelt, um Jesus nachzuahmen und in der Vereinigung mit ihm zu wachsen. Das ist nicht auf natürliche Weise zu verstehen und die Welt spottet über einen solchen Vorschlag. Es ist eine Gnade, die wir erbitten müssen: »Herr, wenn die Demütigungen kommen, so hilf mir zu erkennen, dass ich dir folge auf deinem Weg.«

121. Eine solche Haltung setzt ein durch Christus befriedetes Herz voraus, befreit von dieser Aggressivität, die aus einem überhöhten Ich hervorgeht. Ebendiese gnadengewirkte Befriedung erlaubt uns, eine innere Sicherheit zu bewahren sowie im Guten durchzuhalten und auszuharren, selbst wenn ich

»durch das trostlose Tal« gehe (*Ps* 23,4) oder selbst wenn »ein Heer mich belagert« (*Ps 27,3*). Fest gegründet im Herrn, dem Fels, können wir singen: »In Frieden leg' ich mich nieder und schlafe ein; denn du allein, Herr, lässt mich sorglos wohnen« (*Ps* 4,9). Letzten Endes »ist« Christus »unser Friede« (*Eph* 2,14), er kam, »um unsre Schritte zu lenken auf den Weg des Friedens« (*Lk* 1,79). Er übermittelte der heiligen Faustyna Kowalska: »Die Menschheit wird keinen Frieden finden, solange sie sich nicht mit Vertrauen an die göttliche Barmherzigkeit wendet.«[98] Verfallen wir also nicht der Versuchung, die innere Sicherheit in den Erfolgen, in den leeren Vergnügungen, in den Besitztümern, in der Herrschaft über andere oder im gesellschaftlichen Ansehen zu suchen: »Meinen Frieden gebe ich euch; nicht, wie die Welt ihn gibt« (*Joh* 14,27).

Freude und Sinn für Humor

122. Das bisher Gesagte impliziert nicht einen apathischen, traurigen, säuerlichen, melancholischen Geist oder ein schwaches Profil ohne Kraft. Der Heilige ist fähig, mit Freude und Sinn für Humor zu leben. Ohne den Sinn für die Wirklichkeit zu verlieren, erleuchtet er die anderen mit einem positiven und hoffnungsfrohen Geist. Christ sein bedeutet »Freude im Heiligen Geist« (*Röm* 14,17), denn »auf die heilige Liebe folgt mit Notwendigkeit die Freude. Denn der Liebende freut sich über die Verbindung mit dem Geliebten. [...] Daher ist die Gefolgschaft der Liebe die Freude.«[99] Wir haben

die Schönheit seines Wortes empfangen und es mit offenen Armen »trotz großer Bedrängnis mit der Freude aufgenommen, die der Heilige Geist gibt« (*1 Thess* 1,6). Wenn wir zulassen, dass der Herr uns aus unserem Korsett herausholt und unser Leben verwandelt, dann werden wir verwirklichen können, was der heilige Paulus forderte: »Freut euch im Herrn zu jeder Zeit! Noch einmal sage ich: Freut euch!« (*Phil* 4,4).

123. Die Propheten kündigten die Zeit Jesu, die wir nun leben, als eine Offenbarung der Freude an: »Jauchzt und jubelt!« (*Jes* 12,6). »Steig auf einen hohen Berg, Zion, du Botin der Freude! Erheb deine Stimme mit Macht, Jerusalem, du Botin der Freude!« (*Jes* 40,9). »Freut euch, ihr Berge! Denn der Herr hat sein Volk getröstet und sich seiner Armen erbarmt« (*Jes* 49,13). »Juble laut, Tochter Zion! Jauchze, Tochter Jerusalem! Siehe, dein König kommt zu dir. Gerecht ist er und Rettung wurde ihm zuteil« (*Sach* 9,9). Vergessen wir nicht die Aufforderung Nehemias: »Seid nicht besorgt, denn die Freude am Herrn ist eure Stärke« (8,10).

124. Maria hat verstanden, die Neuheit zu entdecken, die Jesus uns brachte, und sang: »Mein Geist jubelt über Gott, meinen Retter« (*Lk* 1,47). Jesus selbst war »vom Heiligen Geist erfüllt, voll Freude« (*Lk* 10,21). Wenn er vorüberging, »freute sich das ganze Volk« (*Lk* 13,17). Nach seiner Auferstehung herrschte dort, wo die Jünger hinkamen, »große Freude« (*Apg* 8,8). Uns gibt Jesus eine Sicherheit: »Ihr werdet traurig sein, aber eure Trauer

wird sich in Freude verwandeln […] ich werde euch wiedersehen; dann wird euer Herz sich freuen und niemand nimmt euch eure Freude« (*Joh* 16,20.22). »Dies habe ich euch gesagt, damit meine Freude in euch ist und damit eure Freude vollkommen wird« (*Joh* 15,11).

125. Es gibt schwere Momente, Zeiten des Kreuzes, doch nichts kann die übernatürliche Freude zerstören: »Sie passt sich an und verwandelt sich und bleibt immer wenigstens wie ein Lichtstrahl, der aus der persönlichen Gewissheit hervorgeht, jenseits von allem grenzenlos geliebt zu sein.«[100] Es ist eine innere Sicherheit, eine hoffnungsfrohe Gelassenheit, die eine geistliche Zufriedenheit schenkt, die für weltliche Maßstäbe unverständlich ist.

126. Normalerweise wird die christliche Freude von einem Sinn für Humor begleitet, sehr markant zum Beispiel beim heiligen Thomas Morus, beim heiligen Vinzenz von Paul oder beim heiligen Philipp Neri. Missmut ist kein Zeichen von Heiligkeit: »Halte deinen Sinn von Ärger frei!« (*Koh* 11,10). Es ist so viel, was wir vom Herrn erhalten, »um es zu genießen« (*1 Tim* 6,17), dass die Traurigkeit mitunter mit Undankbarkeit zu tun hat: Man ist so in sich selbst verschlossen, dass man unfähig wird, die Geschenke Gottes anzuerkennen.[101]

127. Seine väterliche Liebe lädt uns ein: »Mein Sohn, tu dir selbst Gutes […]. Versag dir nicht das Glück des heutigen Tages« (*Sir* 14,11.14). Er will, dass wir positiv sind, dankbar und nicht zu kompliziert: »Am Glückstag erfreue dich […]. Gott hat

die Menschen recht gemacht, sie aber haben sich in allen möglichen Berechnungen versucht« (*Koh* 7,14.29). In jedem Fall muss man einen beweglichen Geist bewahren und es wie der heilige Paulus machen: »Ich habe gelernt, mich in jeder Lage zurechtzufinden« (*Phil* 4,11). Dies lebte der heilige Franz von Assisi. Er konnte angesichts eines Stücks harten Brotes von Dankbarkeit ergriffen werden oder Gott allein wegen der Windbrise, die sein Gesicht streichelte, glücklich lobpreisen.

128. Ich rede nicht von der konsumorientierten und individualistischen Freude, die in einigen kulturellen Ausprägungen von heute so präsent ist. Denn der Konsumismus stopft das Herz nur voll; er kann gelegentliches und vorübergehendes Vergnügen bieten, aber keine Freude. Ich beziehe mich vielmehr auf die Freude, die man in Gemeinschaft erlebt, die man teilt und verteilt, denn »geben ist seliger als nehmen« (*Apg* 20,35) und »Gott liebt einen fröhlichen Geber« (*2 Kor* 9,7). Die geschwisterliche Liebe vervielfacht unsere Fähigkeit zur Freude, weil sie uns fähig macht, uns über das Wohl der anderen zu freuen: »Freut euch mit den Fröhlichen« (*Röm* 12,15). »So ist es uns eine Freude, wenn wir schwach dastehen, ihr aber euch als stark erweist« (*2 Kor* 13,9). Wenn wir uns dagegen »vor allem auf unsere eigenen Bedürfnisse konzentrieren, verurteilen wir uns dazu, mit wenig Freude zu leben«.[102]

129. Zugleich bedeutet Heiligkeit auch *parrhesia*: Sie ist Wagemut, ist Antrieb zur Evangelisierung, die eine Spur in dieser Welt hinterlässt. Damit das möglich ist, kommt Jesus selbst uns entgegen und sagt uns einmal mehr mit Gelassenheit und Entschlossenheit: »Fürchtet euch nicht!« (*Mk* 6,50). »Ich bin mit euch alle Tage bis zum Ende der Welt« (*Mt* 28,20). Diese Worte helfen uns voranzuschreiten und zu dienen mit jener Haltung voller Mut, die der Heilige Geist in den Aposteln weckte und die sie antrieb, Jesus Christus zu verkünden. Wagemut, Enthusiasmus, mit Freimut sprechen, apostolischer Eifer – all das ist im griechischen Wort *parrhesia* enthalten, dem Wort, mit dem die Bibel auch die Freiheit einer Existenz ausdrückt, die offen ist, weil sie für Gott und für die anderen verfügbar ist (vgl. *Apg* 4,29; 9,28; 28,31; *2 Kor* 3,12; *Eph* 3,12; *Hebr* 3,6; 10,19).

130. Der selige Paul VI. erwähnte unter den Hindernissen für die Evangelisierung gerade den Mangel an *parrhesia*, »den Mangel an Eifer, der umso schwerwiegender ist, weil er aus dem Innern entspringt«.[103] Wie oft sind wir versucht, aus Bequemlichkeit am Ufer zu bleiben! Doch der Herr ruft uns, aufs Meer hinauszufahren und die Netze in tieferen Gewässern auszuwerfen (vgl. *Lk* 5,4). Er lädt uns ein, unser Leben in seinem Dienst zu verausgaben. In ihm verankert fassen wir Mut, alle unsere Charismen in den Dienst der anderen zu stellen. Hoffentlich fühlen wir uns durch seine Liebe gedrängt (vgl.

2 Kor 5,14) und können mit dem heiligen Paulus sagen: »Weh mir, wenn ich das Evangelium nicht verkünde!« (*1 Kor* 9,16).

131. Schauen wir auf Jesus: Sein tiefes Mitleid ließ ihn nicht in sich selbst zurückziehen, es war kein lähmendes, furchtsames oder verschämtes Mitleid, wie es bei uns oft vorkommt, sondern das genaue Gegenteil. Es war ein Mitleid, das ihn dazu bewegte, kraftvoll aus sich herauszugehen, um zu verkünden, um in die Mission zu senden, um auszusenden, zu heilen und zu befreien. Erkennen wir unsere Schwachheit, aber lassen wir zu, dass Jesus sie in seine Hände nimmt und uns in die Mission hinaustreibt. Wir sind schwach, aber Träger eines Schatzes, der uns groß macht und der die besser und glücklicher machen kann, die ihn empfangen. Wagemut und apostolischer Mut sind konstitutiv für die Mission.

132. Die *parrhesía* ist Kennzeichen des Heiligen Geistes, Zeugnis für die Glaubwürdigkeit der Verkündigung. Sie ist frohe Sicherheit, die uns dazu bringt, uns des Evangeliums, das wir verkünden, zu rühmen, sie ist unerschütterliches Vertrauen in die Treue des treuen Zeugen schlechthin, der uns die Sicherheit gibt, dass nichts »uns scheiden« kann »von der Liebe Gottes« (*Röm* 8,39).

133. Wir brauchen den Anstoß des Heiligen Geistes, um nicht durch Furcht und Berechnung gelähmt zu werden, um uns nicht daran zu gewöhnen, nur innerhalb sicherer Grenzen unterwegs zu sein. Denken wir daran, dass verschlossene Räume am Ende

nach Moder riechen und uns krank machen. Als die Apostel die Versuchung spürten, sich von Ängsten und Gefahren lähmen zu lassen, begannen sie, gemeinsam zu beten und um die *parrhesía* zu bitten: »Doch jetzt, Herr, sieh auf ihre Drohungen und gib deinen Knechten, mit allem Freimut dein Wort zu verkünden!« (*Apg* 4,29). Und die Antwort war: »Als sie gebetet hatten, bebte der Ort, an dem sie versammelt waren, und alle wurden mit dem Heiligen Geist erfüllt und sie verkündeten freimütig das Wort Gottes« (*Apg* 4,31).

134. Wie der Prophet Jona sind wir immer latent in der Versuchung, an einen sicheren Ort zu fliehen, der viele Namen haben kann: Individualismus, Spiritualismus, Einschließen in kleine Welten, Abhängigkeit, Sich-Einrichten, Wiederholung bereits festgelegter Schemata, Dogmatismus, Nostalgie, Pessimismus, Zuflucht zu den Normen. Womöglich haben wir uns dagegen gesträubt, ein Gebiet zu verlassen, das uns bekannt und leicht handzuhaben war. Die Schwierigkeiten können jedoch so etwas sein wie der Sturm, wie der Wal, wie der Wurm, der den Rizinusstrauch des Jona vertrocknen ließ, oder wie der Wind und die Sonne, die Jona auf den Kopf brannte; wie für ihn, so können sie auch für uns die Funktion haben, uns zu diesem Gott zurückkehren zu lassen, der Zärtlichkeit ist und der uns auf eine ständige und erneuernde Wanderung mitnehmen möchte.

135. Gott ist immer Neuheit, die uns antreibt, ein ums andere Mal aufzubrechen und uns an neue Orte

zu begeben, um über das Bekannte hinauszugehen hin zu den Rändern und Grenzen. Er bringt uns dort hin, wo die Menschheit am meisten verletzt ist und wo die Menschen – unter dem Anschein der Oberflächlichkeit und des Konformismus – weiter die Antwort auf die Frage nach dem Sinn des Lebens suchen. Gott hat keine Angst! Er hat keine Angst! Er geht immer über unsere Schemata hinaus und hat keine Angst vor den Rändern. Er selbst hat sich zum »Rand« gemacht (vgl. *Phil* 2,6-8; *Joh* 1,14). Deshalb werden wir, wenn wir es wagen, an die Ränder zu gehen, ihn dort antreffen, er wird schon dort sein. Jesus kommt uns zuvor im Herzen unserer Brüder und Schwestern, in ihrem verletzten Leib, in ihrem unterdrückten Leben, in ihrer verdunkelten Seele. Er ist schon dort.

136. Es ist wahr, dass wir die Tür unseres Herzens öffnen müssen, denn er klopft an und ruft (vgl. *Offb* 3,20). Allerdings frage ich mich manchmal, ob Jesus – wegen der stickigen Luft unserer Selbstbezogenheit – in unserem Inneren nicht schon klopft, damit wir ihn hinauslassen. Im Evangelium sehen wir: Jesus »wanderte von Stadt zu Stadt und von Dorf zu Dorf und verkündete das Evangelium vom Reich Gottes« (*Lk* 8,1). Ebenso sehen wir es nach seiner Auferstehung, als die Jünger überallhin auszogen: »Der Herr stand ihnen bei und bekräftigte das Wort durch die Zeichen, die es begleiteten« (*Mk* 16,20). Dies ist die Dynamik, die aus der wahren Begegnung entspringt.

137. Die Gewohnheit verführt uns und behauptet, dass es keinen Sinn habe, etwas zu ändern zu versuchen, dass wir angesichts dieser Situation nichts tun können, dass es immer so gewesen ist und dass wir dennoch weitergelebt haben. Weil wir daran gewöhnt sind, treten wir dem Bösen nicht mehr entgegen und lassen es zu, dass die Dinge »eben sind, wie sie sind«, oder wie einige wenige entschieden haben, dass sie sein sollen. Lassen wir doch zu, dass der Herr kommt, um uns aufzuwecken, um uns in unserer Schläfrigkeit einen Ruck zu versetzen, um uns von der Trägheit zu befreien. Bieten wir der Gewohnheit die Stirn, öffnen wir weit unsere Augen und Ohren, vor allem aber das Herz, um uns bewegen zu lassen durch das, was um uns herum geschieht, und durch den Ruf des lebendigen und wirkmächtigen Wortes des Auferstandenen.

138. Das Vorbild vieler Priester, Ordensfrauen, Ordensmänner und Laien, die sich mit großer Treue hingeben, um zu verkündigen und zu dienen – oftmals unter Einsatz ihres Lebens und gewiss auf Kosten ihrer Bequemlichkeit –, versetzt uns in Bewegung. Ihr Zeugnis erinnert uns daran, dass die Kirche nicht viele Bürokraten und Funktionäre braucht, sondern leidenschaftliche Missionare, die verzehrt werden von der Begeisterung, das wahre Leben mitzuteilen. Die Heiligen überraschen, verwirren, weil ihr Leben uns einlädt, aus der ruhigen und betäubenden Mittelmäßigkeit hinauszugehen.

139. Bitten wir den Herrn um die Gnade, nicht zu zögern, wenn der Heilige Geist uns auffordert, einen

Schritt vorwärts zu tun; bitten wir um den apostolischen Mut, anderen das Evangelium weiterzugeben und es zu unterlassen, aus unserem christlichen Leben ein Museum voller Andenken zu machen. Lassen wir es unbedingt zu, dass der Heilige Geist bewirkt, dass wir die Geschichte unter dem Vorzeichen des auferstandenen Jesus betrachten. Auf diese Weise wird die Kirche, statt zu ermüden, weiter vorwärtsgehen und dabei die Überraschungen des Herrn begrüßen.

In Gemeinschaft

140. Es ist sehr schwierig, gegen die eigene Begehrlichkeit und gegen die Nachstellungen und Versuchungen des Bösen und der egoistischen Welt zu kämpfen, wenn wir uns absondern. Es ist ein solches Bombardement, das uns verleitet, dass wir – wenn wir zu viel alleine sind – leicht den Sinn für die Wirklichkeit, die innere Klarheit, verlieren und unterliegen.

141. Die Heiligung ist ein gemeinschaftlicher Weg, immer zu zweit. So spiegeln es einige heilige Gemeinschaften wider. Bei verschiedenen Gelegenheiten hat die Kirche ganze Gemeinschaften heiliggesprochen, die das Evangelium auf heroische Weise lebten oder Gott das Leben all ihrer Mitglieder darbrachten. Denken wir zum Beispiel an die sieben heiligen Gründer des Ordens der Diener Mariens (Serviten), an die sieben seligen Ordensfrauen des ersten Heimsuchungsklosters in Madrid

(Salesianerinnen), an den heiligen Paul Miki und seine Gefährten, Märtyrer in Japan, an den heiligen Andreas Kim Taegon und seine Gefährten, Märtyrer in Korea, an den heiligen Roque González de Santa Cruz und seine Gefährten, Märtyrer in Südamerika. Wir erinnern uns auch an das jüngste Zeugnis der Trappistenmönche von Tibhirine (Algerien), die sich gemeinsam auf das Martyrium vorbereiteten. Ebenso gibt es viele heilige Ehepaare, bei denen jeder Einzelne ein Werkzeug Christi zur Heiligung des Ehepartners war. Mit anderen zusammen zu leben oder zu arbeiten, ist zweifellos ein Weg der geistlichen Entwicklung. Der heilige Johannes vom Kreuz sagte zu einem seiner Schüler: Du lebst mit anderen zusammen, »damit sie dich bearbeiten und einüben«.[104]

142. Die Gemeinschaft ist dazu berufen, diesen »göttlichen Ort« zu schaffen, »an dem die mystische Gegenwart des auferstandenen Herrn erfahren werden kann«.[105] Das Wort Gottes miteinander zu teilen und die Eucharistie gemeinsam zu feiern, macht uns immer mehr zu Brüdern und Schwestern und verwandelt uns in eine heilige und missionarische Gemeinschaft. Daraus erwachsen auch echte mystische und in Gemeinschaft gelebte Erfahrungen, wie es beim heiligen Benedikt und der heiligen Scholastika der Fall war oder bei jener erhebenden geistlichen Begegnung, die der heilige Augustinus und seine Mutter, die heilige Monika, gemeinsam erlebten: »Schon nahte der Tag, da sie aus diesem Leben scheiden sollte – du kanntest ihn, wir nicht –, da traf es sich, wie ich glaube durch deine geheime

Fügung, dass wir beide allein, ich und sie, an ein Fenster gelehnt standen, das in den Garten innerhalb des Hauses ging, das uns beherbergte. [...] Doch lechzte begierig unser Herz nach den Wassern aus der Höhe, den Wassern ›deiner Quelle‹, der ›Quelle des Lebens, die bei dir ist‹ [...] Und während wir so reden von dieser ewigen Weisheit, voll Sehnsucht nach ihr, da streiften wir sie leise in einem vollen Schlag des Herzens [...] dass so nun ewig Leben wäre wie jetzt dieser Augenblick Erkennen, dem unser Seufzen galt.«[106]

143. Doch diese Erfahrungen sind weder sehr häufig, noch sind sie das Wichtigste. Das Gemeinschaftsleben – sei es in der Familie, in der Pfarrei, in der Ordensgemeinschaft oder in irgendeiner anderen Gemeinschaft – besteht aus vielen kleinen alltäglichen Details. Das geschah in der heiligen Gemeinschaft, die Jesus, Maria und Josef bildeten und wo sich auf vorbildhafte Weise die Schönheit der Gemeinschaft der Dreieinigkeit widerspiegelte. Das ist es auch, was sich in dem Gemeinschaftsleben ereignete, das Jesus mit seinen Jüngern und mit dem einfachen Volk führte.

144. Erinnern wir uns daran, wie Jesus seine Jünger einlud, aufmerksam zu sein für die Details. Das kleine Detail, dass bei einem Fest der Wein ausging. Das kleine Detail, dass ein Schaf fehlte. Das kleine Detail der Witwe, die zwei kleine Münzen als Opfergabe gab. Das kleine Detail, für die Lampen Öl in Reserve zu haben, falls der Bräutigam sich verspätet. Das kleine Detail, seine Jünger aufzufordern, sie

sollten nachschauen, wie viele Brote sie hatten. Das kleine Detail, ein Feuer vorbereitet und Fisch auf dem Grillrost liegen zu haben, während er die Jünger frühmorgens erwartete.

145. Die Gemeinschaft, die die kleinen Details der Liebe bewahrt,[107] wo die Mitglieder sich umeinander kümmern und einen offenen und evangelisierenden Raum bilden, ist Ort der Gegenwart des Auferstandenen, der sie entsprechend dem Heilsplan des Vaters heiligt. Gelegentlich werden uns – durch ein Gnadengeschenk des Herrn – inmitten dieser kleinen Details tröstliche Erfahrungen Gottes geschenkt: »Eines Abends im Winter verrichtete ich wie gewöhnlich meinen kleinen Dienst […] plötzlich hörte ich aus der Ferne den harmonischen Klang eines Musikinstrumentes, da stellte ich mir einen wohlerleuchteten Salon vor, glänzend in Goldschmuck, worin elegant gekleidete Mädchen Artigkeiten und weltliche Höflichkeiten austauschten; dann fiel mein Blick auf die arme Kranke, die ich stützte; statt einer Melodie vernahm ich von Zeit zu Zeit ihr klagendes Stöhnen. […] Ich vermag nicht in Worte zu fassen, was in meiner Seele vorging; was ich weiß, ist, dass der Herr sie mit den Strahlen der Wahrheit erleuchtete, die den trüben Glanz irdischer Feste derart übertreffen, dass ich mein Glück nicht zu fassen vermochte.«[108]

146. Gegen die Tendenz zum konsumistischen Individualismus – der uns schließlich isoliert auf der Suche nach dem Wohlergehen abseits von den anderen – dürfen wir auf unserem Weg der Heiligung

nicht aufhören, uns mit dem Wunsch Jesu zu identifizieren: »Alle sollen eins sein: Wie du, Vater, in mir bist und ich in dir bin« (*Joh* 17,21).

In beständigem Gebet

147. Auch wenn es offenkundig scheinen mag, erinnern wir schließlich daran, dass die Heiligkeit in einer gewohnheitsmäßigen Offenheit für die Transzendenz besteht, die sich in Gebet und Anbetung äußert. Der Heilige ist ein Mensch mit einem betenden Geist, der die Kommunikation mit Gott braucht. Er ist jemand, der es nicht erträgt, in der verschlossenen Immanenz dieser Welt zu ersticken, sondern inmitten seiner Anstrengungen und Hingabe nach Gott Luft holt, der aus sich herausgeht im Lobpreis und seine Grenzen weitet in der Betrachtung des Herrn. Ich glaube nicht an eine Heiligkeit ohne Gebet, auch wenn es sich nicht notwendigerweise um ausgedehnte Zeiten oder intensive Gefühle handeln muss.

148. Der heilige Johannes vom Kreuz empfahl, sich »zu bemühen, immer in der Gegenwart Gottes zu wandeln – sei es in der wirklichen, in der imaginären oder in der einigenden – in Abstimmung mit dem, was die Werke erlauben, die man gerade ausführt«.[109] Im Grunde ist es die Sehnsucht nach Gott, die sich unweigerlich auf irgendeine Weise inmitten unseres alltäglichen Lebens zeigt: »Bemühen Sie sich, im Gebet beständig zu sein, und inmitten der körperlichen Arbeiten unterlassen Sie es nicht. Sei

es, dass Sie essen, trinken, mit anderen sprechen, oder irgendeine Sache tun, wandeln Sie immer im Sehnen nach Gott und Ihr Herz ihm zuneigend.«[110]

149. Damit dies jedoch möglich ist, sind auch einige Momente nur für Gott notwendig, in Abgeschiedenheit mit ihm. Für die heilige Teresa von Ávila ist das Gebet ein »freundschaftliches Umgehen, indem wir uns viele Male ganz allein mit dem unterreden, von dem wir wissen, dass er uns liebt«.[111] Ich möchte darauf bestehen, dass dies nicht nur für einige wenige Privilegierte gilt, sondern für alle, weil »wir alle dieses von angebeteter Gegenwart erfüllte Schweigen nötig haben«.[112] Das vertrauensvolle Gebet ist eine Reaktion des Herzens, das sich Gott von Angesicht zu Angesicht öffnet, wo alles Gerede zum Verstummen kommt, um auf die sanfte Stimme des Herrn zu horchen, die im Schweigen widerhallt.

150. In diesem Schweigen kann man im Licht des Heiligen Geistes die Wege der Heiligkeit erkennen, die der Herr uns vorschlägt. Andernfalls werden alle unsere Entscheidungen nur »Dekorationen« sein können, die das Evangelium verdecken oder ersticken, anstatt es in unserem Leben zu verherrlichen. Für jeden Jünger ist es unerlässlich, mit dem Meister zusammen zu sein, auf ihn zu hören, von ihm zu lernen, immer zu lernen. Wenn wir nicht hinhorchen, werden alle unsere Worte einzig und allein Lärm sein, der zu nichts dient.

151. Erinnern wir uns daran: »Es ist die Betrachtung des Antlitzes des gestorbenen und auferstandenen Jesus, die unsere Menschheit wieder zu-

sammenfügt, auch jene, die durch die Mühen des Lebens zerteilt oder von der Sünde gezeichnet ist. Wir dürfen die Macht des Antlitzes Christi nicht domestizieren.«[113] Also wage ich es, dich zu fragen: Gibt es Momente, in denen du dich im Schweigen in seine Gegenwart versetzt, ohne Hast bei ihm verweilst und dich von ihm anschauen lässt? Lässt du es zu, dass sein Feuer dein Herz entflammt? Wenn du ihm nicht erlaubst, dass er die Wärme seiner Liebe und Zärtlichkeit nährt, wirst du kein Feuer besitzen. Wie also wirst du dann das Herz der anderen mit deinem Zeugnis und deinen Worten entflammen können? Und wenn du es vor dem Antlitz Jesu noch immer nicht schaffst, dich heilen und verwandeln zu lassen, dann dring in das Innere Jesu ein, begib dich in seine Wunden, denn dort hat die göttliche Barmherzigkeit ihren Sitz.[114]

152. Ich bitte aber, dass wir das betende Schweigen nicht als eine Flucht verstehen, welche die Welt verneint, die uns umgibt. Der russische Pilger, der im immerwährenden Gebet unterwegs war, erzählt, dass dieses Gebet ihn nicht von der äußeren Realität trennte: »Geschah es aber am Tage, dass ich irgendjemanden traf, so erschienen mir alle ohne Ausnahme so lieb und nah, als wären sie meine Verwandten. […] Diese [Wonne] fühlte ich nicht nur im Inneren meiner Seele, sondern auch die ganze Außenwelt schien mir wunderbar schön.«[115]

153. Ebenso wenig verschwindet die Geschichte. Das Gebet sollte – gerade weil es sich von der Gabe Gottes nährt, die sich in unser Leben ergießt – im-

mer ein gutes Gedächtnis besitzen. Das Gedächtnis der Taten Gottes ist die Grundlage der Erfahrung des Bundes zwischen Gott und seinem Volk. Da Gott in die Geschichte eintreten wollte, ist das Gebet aus Erinnerungen gewoben: nicht nur aus der Erinnerung des geoffenbarten Wortes, sondern auch aus der Erinnerung des eigenen Lebens, des Lebens der anderen, dessen, was der Herr in seiner Kirche gewirkt hat. Es ist das dankbare Gedächtnis, von dem auch der heilige Ignatius von Loyola in seiner »Betrachtung, um Liebe zu erlangen«[116] spricht, wenn er uns auffordert, uns alle Wohltaten Gottes in Erinnerung zu rufen, die wir vom Herrn empfangen haben. Schau auf deine Lebensgeschichte, wenn du betest, und du wirst in ihr so viel an Erbarmen finden. Zugleich wird dies in dir das Bewusstsein nähren, dass der Herr dich in seinem Gedächtnis behält und dich niemals vergisst. Daher ist es sinnvoll, ihn zu bitten, dass er auch die kleinen Details deiner Existenz, die ihm nicht entgehen, erleuchten möge.

154. Die inständige Bitte ist Ausdruck des Herzens, das auf Gott vertraut, das weiß, dass es alleine nichts vermag. Im Leben des gläubigen Gottesvolkes finden wir viel an inniger Bitte, voll gläubiger Zärtlichkeit und tiefen Vertrauens. Nehmen wir dem Bittgebet nicht seinen Wert, das oft unser Herz beruhigt und uns hilft, mit Hoffnung weiter zu kämpfen. Die Fürbitte hat einen besonderen Wert, weil sie ein Akt des Gottvertrauens und zugleich ein Ausdruck der Nächstenliebe ist. Manche glauben aufgrund von spiritualistischen Vorurteilen, dass das Gebet eine reine Kontemplation Gottes sein müsse ohne

Ablenkungen, so als ob die Namen und Gesichter der Brüder und Schwestern eine zu vermeidende Störung wären. Die Realität ist dagegen, dass das Gebet Gott gefälliger und heiligmachender wird, wenn wir darin durch die Fürbitte versuchen, das uns von Jesus hinterlassene Doppelgebot zu leben. Die Fürbitte drückt das brüderliche Engagement für andere aus, wenn wir in ihr fähig sind, das Leben anderer aufzunehmen mit ihren verstörenden Seelennöten und besten Träumen. Wer sich großmütig der Fürbitte widmet, von dem kann man mit den Worten der Heiligen Schrift sagen: »Dieser ist der Freund seiner Brüder, der viel für das Volk betet« (*2 Makk* 15,14).

155. Wenn wir wirklich glauben, dass Gott existiert, können wir es nicht unterlassen, ihn anzubeten – bisweilen in einem von Anbetung erfüllten Schweigen – oder ihn in festlichem Lobpreis zu besingen. So drücken wir das aus, was der selige Charles de Foucauld lebte, wenn er sagte: »Sobald ich glaubte, dass es einen Gott gibt, wurde mir klar, dass ich nichts anderes tun konnte, als für ihn allein zu leben.«[117] Auch im Leben des pilgernden Volkes Gottes gibt es viele schlichte Gesten der reinen Anbetung, zum Beispiel wenn »der Blick des Pilgers […] auf einem Abbild [ruht], das die zärtliche Zuwendung und Nähe Gottes symbolisiert. Die Liebe hält inne, betrachtet das Mysterium und erfreut sich im Schweigen daran.«[118]

156. Das betende Lesen des Wortes Gottes, das »süßer als Honig« (*Ps* 119,103) und »schärfer als jedes

zweischneidige Schwert« (*Hebr* 4,12) ist, erlaubt uns innezuhalten und dem Meister zuzuhören, damit er eine Leuchte für unsere Schritte sei, Licht für unsere Wege (vgl. *Ps* 119,105). Wie die Bischöfe Indiens uns richtig in Erinnerung gerufen haben, ist »die Verehrung des Wortes Gottes [...] nicht bloß eine von vielen Andachtsformen, schön, aber etwas Optionales. Sie gehört zum Herzen und zur ureigenen Identität des christlichen Lebens. Das Wort Gottes hat eine ihm innewohnende Kraft, das Leben der Menschen zu verwandeln.«[119]

157. Die Begegnung mit Jesus in der Heiligen Schrift führt uns zur Eucharistie, wo eben dieses Wort selbst seine größte Wirksamkeit erlangt, weil die Eucharistie Realpräsenz dessen ist, der das Lebendige Wort ist. Dort empfängt der einzig Absolute die höchste Anbetung, die ihm diese Erde geben kann, weil es Christus selbst ist, der sich hingibt. Und wenn wir ihn in der Kommunion empfangen, erneuern wir unseren Bund mit ihm und erlauben ihm, dass er sein verwandelndes Werk immer mehr verwirklicht.

Fünftes Kapitel

KAMPF, WACHSAMKEIT UND UNTERSCHEIDUNG

158. Das Leben des Christen ist ein ständiger Kampf. Es bedarf Kraft und Mut, um den Versuchungen des Teufels zu widerstehen und das Evangelium zu verkünden. Dieses Ringen ist schön, weil es uns jedes Mal feiern lässt, dass der Herr in unserem Leben siegt.

Der Kampf und die Wachsamkeit

159. Es handelt sich nicht nur um einen Kampf gegen die Welt und die weltliche Mentalität, die betrügt, betäubt und uns mittelmäßig werden lässt ohne Engagement und freudlos. Ebenso wenig beschränkt er sich auf ein Ringen mit der eigenen Schwäche und den eigenen Lastern (ein jeder hat seine: Trägheit, Wollust, Neid, Eifersucht usw.). Es ist auch ein beständiger Kampf gegen den Teufel, welcher der Fürst des Bösen ist. Jesus selbst feiert unsere Siege. Er freute sich, als seine Jünger mit der Verkündigung des Evangeliums fortzuschreiten vermochten und den Widerstand des Bösen überwanden. Da rief er jubelnd aus: »Ich sah den Satan wie einen Blitz aus dem Himmel fallen« (*Lk* 10,18).

160. Wir würden die Existenz des Teufels nicht anerkennen, wenn wir darauf beharrten, das Leben nur mit empirischen Kriterien und ohne übernatürlichen Sinn zu betrachten. Gerade die Überzeugung, dass diese böse Macht unter uns gegenwärtig ist, lässt uns verstehen, weshalb das Böse manchmal eine so zerstörerische Kraft besitzt. Gewiss hatten die biblischen Verfasser nur ein begrenztes begriffliches Rüstzeug zur Verfügung, um einige Sachverhalte auszudrücken, und man konnte zu Jesu Zeiten zum Beispiel eine Epilepsie mit der Besessenheit durch den Teufel verwechseln. Das darf uns jedoch nicht dazu verleiten, die Wirklichkeit so zu vereinfachen, dass wir sagen, dass alle Fälle, von denen in den Evangelien berichtet wird, von psychischen Krankheiten handeln und dass letztendlich der Teufel nicht existiert oder nicht tätig ist. Der Teufel ist auf den ersten Seiten der Bibel gegenwärtig, an deren Ende aber steht der Sieg Gottes über den Satan.[120] Als Jesus uns das Vaterunser lehrte, wollte er tatsächlich, dass wir am Ende den Vater bitten, er möge uns von dem Bösen erlösen. Der dort benutzte Ausdruck bezieht sich nicht auf etwas Böses im abstrakten Sinn, sondern lässt sich genauer mit »der Böse« übersetzen. Er weist auf ein personales Wesen hin, das uns bedrängt. Jesus lehrte uns, täglich um diese Befreiung zu bitten, damit die Macht Satans uns nicht beherrsche.

161. Wir sollen also nicht denken, dass dies ein Mythos, ein Schauspiel, ein Symbol, ein Bild oder eine

Idee sei.[121] Dieser Irrtum bringt uns dazu, die Hände in den Schoß zu legen, nachlässig zu sein und mehr Gefährdungen ausgesetzt zu sein. Der Teufel hat es nicht nötig, uns zu beherrschen. Er vergiftet uns mit Hass, Traurigkeit, Neid, mit den Lastern. Er nützt dann unsere Achtlosigkeit, um unser Leben, unsere Familien und unsere Gemeinschaften zu zerstören, denn er »geht wie ein brüllender Löwe umher und sucht, wen er verschlingen kann« (*1 Petr* 5,8).

Wach und vertrauensvoll

162. Das Wort Gottes lädt uns mit deutlichen Worten ein, »den listigen Anschlägen des Teufels zu widerstehen« (*Eph* 6,11) und »alle feurigen Geschosse des Bösen« (*Eph* 6,16) abzuwehren. Das sind keine romantischen Phrasen, denn unser Weg auf die Heiligkeit zu ist auch ein ständiger Kampf. Wer das nicht akzeptieren will, wird scheitern oder mittelmäßig bleiben. Für den Kampf haben wir die wirksamen Waffen, die der Herr uns gibt: der im Gebet zum Ausdruck gebrachte Glaube, die Betrachtung des Wortes Gottes, die Feier der heiligen Messe, die eucharistische Anbetung, das Sakrament der Versöhnung, die guten Werke, das Gemeinschaftsleben, der missionarische Einsatz. Wenn wir nachlässig werden, werden die falschen Versprechungen des Bösen uns leicht verführen, wie der heilige Pfarrer Brochero sagt: »Was nützt es, wenn Luzifer euch frei machen und mit all seinen Gütern überschütten will, wenn diese Güter verlogen sind, wenn es vergiftete Güter sind.«[122]

163. Auf diesem Weg ist das Wachstum im Guten, in der geistlichen Reife und der Liebe das beste Gegengewicht zum Bösen. Niemand widersteht, wenn er sich entscheidet, an einem toten Punkt stehen zu bleiben; wenn er sich mit wenigem begnügt; wenn er aufhört, davon zu träumen, sich dem Herrn noch mehr hinzugeben. Am allerwenigsten, wenn er einem Gefühl der Niederlage verfällt, denn »wer ohne Zuversicht beginnt, hat von vornherein die Schlacht zur Hälfte verloren und vergräbt die eigenen Talente. [...] Der christliche Sieg ist immer ein Kreuz, doch ein Kreuz, das zugleich ein Siegesbanner ist, das man mit einer kämpferischen Sanftmut gegen die Angriffe des Bösen trägt.«[123]

Die geistliche Korruption

164. Der Weg der Heiligkeit ist eine Quelle des Friedens und der Freude, die uns der Heilige Geist schenkt. Zugleich verlangt er jedoch, dass unsere »Lampen brennen« (*Lk* 12,35) und dass wir wachsam bleiben: »Meidet das Böse in jeder Gestalt!« (*1 Thess* 5,22). »Seid also wachsam!« (*Mt* 24,42; *Mk* 13,35). »Darum wollen wir nicht schlafen« (*1 Thess* 5,6). Denn wer meint, keine schweren Fehler gegen das Gesetz Gottes zu begehen, kann in einer Art Verblödung oder Schläfrigkeit nachlässig werden. Da er nichts Schlimmes findet, das er sich vorwerfen müsste, bemerkt er die Lauheit nicht, die sich allmählich in seinem geistlichen Leben breitmacht, und am Ende ist er aufgerieben und verdorben.

165. Die geistliche Korruption ist schlimmer als der Fall eines Sünders, weil es sich um eine bequeme und selbstgefällige Blindheit handelt, wo schließlich alles zulässig erscheint: Unwahrheit, üble Nachrede, Egoismus und viele subtile Formen von Selbstbezogenheit – denn schon »der Satan tarnt sich als Engel des Lichts« (*2 Kor* 11,14). So passierte es seinerzeit Salomon, während der große Sünder David sein Elend zu überwinden wusste. In einer Erzählung warnte uns Jesus sehr vor dieser trügerischen Versuchung, die uns in die Korruption hineingleiten lässt: Er spricht von einem Menschen, der von einem Dämon befreit wurde. Als dieser meint, dass sein Leben schon rein wäre, wird er am Ende von sieben anderen bösen Geistern heimgesucht (vgl. *Lk* 11,24-26). Ein weiterer biblischer Text verwendet ein drastisches Bild: »Der Hund kehrt zurück zu dem, was er erbrochen hat« (*2 Petr* 2,22; vgl. *Spr* 26,11).

Die Unterscheidung

166. Wie wissen wir, ob etwas vom Heiligen Geist kommt oder ob es im Geist der Welt oder im Geist des Teufels seinen Ursprung hat? Die einzige Methode ist die Unterscheidung, die nicht nur ein gutes Denkvermögen und einen gesunden Menschenverstand voraussetzt. Sie ist auch eine Gabe, um die man beten muss. Wenn wir sie vertrauensvoll vom Heiligen Geist erbitten und uns zugleich darum bemühen, sie durch Gebet, Betrachtung, Lektüre und guten Rat zu entfalten, können wir sicherlich in dieser geistlichen Fähigkeit wachsen.

167. Heutzutage ist die Haltung der Unterscheidung besonders notwendig. Das gegenwärtige Leben bietet enorme Möglichkeiten der Betätigung und der Ablenkung. Die Welt präsentiert sie, als wären sie alle wertvoll und gut. Alle, besonders die jungen Menschen, sind einem ständigen *Zapping* ausgesetzt. Man kann auf zwei oder drei Bildschirmen gleichzeitig navigieren und zugleich auf verschiedenen virtuellen Ebenen interagieren. Ohne die Weisheit der Unterscheidung können wir leicht zu Marionetten werden, die den augenblicklichen Trends ausgeliefert sind.

168. Das erweist sich als besonders wichtig, wenn eine neue Situation in unserem Leben auftaucht und wir dann unterscheiden müssen, ob es neuer Wein ist, der von Gott kommt, oder aber eine trügerische Neuigkeit des Geistes der Welt oder des Geistes des Teufels. Bei anderen Gelegenheiten geschieht das Gegenteil, wenn die Kräfte des Bösen uns verleiten, uns nicht zu ändern, die Dinge so zu lassen, wie sie sind, sich für die Unbeweglichkeit und eine starre Haltung zu entscheiden. So behindern wir das Wehen des Heiligen Geistes. Wir sind frei mit der Freiheit Jesu Christi; doch er ruft uns, das zu prüfen, was in uns ist –, Wünsche, Ängste, Furcht, Sehnsüchte – und das, was außerhalb von uns geschieht – die »Zeichen der Zeit« –, damit wir die Wege der Freiheit in Fülle erkennen: »Prüft alles und behaltet das Gute!« (*1 Thess* 5,21).

169. Der Unterscheidung bedarf es nicht nur bei außergewöhnlichen Ereignissen, wenn es schwierige Probleme zu lösen gilt oder wenn eine wichtige Entscheidung getroffen werden soll. Sie ist ein Mittel im Kampf, um dem Herrn besser zu folgen. Wir brauchen sie immer, um fähig zu sein, die Zeiten Gottes und seiner Gnade zu erkennen, um die Inspirationen des Herrn nicht zu verpassen, um seine Einladung zum Wachstum nicht vorbeigehen zu lassen. Oftmals entscheidet sich dies im Kleinen, in dem, was irrelevant erscheint, weil sich die Hochherzigkeit im Einfachen und Alltäglichen zeigt.[124] Es handelt sich darum, dem Großen, dem Besten und Schönsten keine Grenzen zu setzen, aber sich gleichzeitig auf das Kleine zu konzentrieren, auf die tägliche Hingabe. Deshalb bitte ich alle Christen, es nicht zu unterlassen, jeden Tag im Gespräch mit dem uns liebenden Herrn eine ehrliche Gewissenserforschung zu machen. Zugleich führt uns die Unterscheidung dazu, die konkreten Mittel zu erkennen, die der Herr in seinem geheimnisvollen Plan der Liebe vorbereitet hat, damit wir nicht nur bei guten Vorsätzen stehen bleiben.

Eine übernatürliche Gabe

170. In der Tat schließt die geistliche Unterscheidung die Hilfe der menschlichen, existenziellen, psychologischen, soziologischen oder moralischen Weisheit nicht aus. Sie transzendiert sie jedoch.

Nicht einmal die weisen Normen der Kirche reichen ihr aus. Erinnern wir uns immer daran, dass die Unterscheidung eine Gnade ist. Sie schließt Vernunft und Besonnenheit mit ein, übersteigt sie aber; denn sie trachtet danach, das Geheimnis des einzigartigen und unwiederholbaren Plans zu erfassen, den Gott für jeden einzelnen Menschen hegt und der sich inmitten der unterschiedlichsten Lebensumstände und Begrenzungen verwirklicht. Es geht nicht nur um ein zeitlich begrenztes Wohlbefinden noch um die Befriedigung, etwas Nützliches zu tun, und nicht einmal um das Verlangen, ein ruhiges Gewissen zu haben. Es geht um den Sinngehalt meines Lebens vor dem Vater, der mich kennt und liebt; es geht um den wahren Sinn meiner Existenz, die niemand besser kennt als er. Die Unterscheidung führt letzten Endes zur Quelle des Lebens selbst, das nicht stirbt, zur Erkenntnis des Vaters, des einzigen wahren Gottes, und dessen, den er gesandt hat, Jesus Christus (vgl. *Joh* 17,3). Das erfordert weder besondere Fähigkeiten, noch bleibt es nur den Klugen und Gebildeten vorbehalten. Der Vater offenbart sich gerne den Demütigen (vgl. *Mt* 11,25).

171. Wenn auch der Herr auf verschiedene Weise zu uns spricht, inmitten unserer Arbeit, durch die anderen und in jedem Augenblick, so kann man doch nicht auf die Stille des Gebets verzichten, um seine Sprache besser wahrzunehmen, um die wirkliche Bedeutung von Eingebungen zu interpretieren, die wir zu empfangen glauben, um die Angst zu verlieren und um die Gesamtheit unserer eigenen Existenz im Licht Gottes wieder zusammenzufügen. So

können wir diese neue Synthese entstehen lassen, die aus einem vom Heiligen Geist erleuchteten Leben entspringt.

Rede, Herr

172. Dennoch kann es sein, dass wir uns selbst beim Gebet nicht der Freiheit des Geistes, der wirkt, wo er will, stellen wollen. Wir müssen uns bewusst sein, dass die Unterscheidung im Gebet von einer Bereitschaft zum Hören ausgehen muss: auf den Herrn, auf die anderen, auf die Wirklichkeit selbst, die uns immer auf neue Weisen fordert. Nur wer bereit ist zu hören, besitzt die Freiheit, seine eigene partielle und unzulängliche Betrachtungsweise, seine Gewohnheiten und seine Denkschemata aufzugeben. So ist man wirklich bereit, den Ruf zu hören, der die eigenen Sicherheiten aufbricht und zu einem besseren Leben führt, weil es nicht genügt, dass alles so weit gut geht und ruhig ist. Vielleicht will Gott uns Größeres schenken, und wir in unserer bequemen Zerstreutheit merken es nicht.

173. Diese Haltung des Hörens schließt im Übrigen den Gehorsam gegenüber dem Evangelium als letztes Kriterium ein, aber auch gegenüber dem Lehramt, das es bewahrt und versucht, im Schatz der Kirche das zu finden, was am fruchtbarsten für das Heute des Heils ist. Es geht nicht darum, Rezepte anzuwenden oder die Vergangenheit zu wiederholen; denn die gleichen Lösungen gelten nicht unter allen Umständen, und was in einem Zusammenhang

nützlich war, kann es in einem anderen nicht sein. Die Unterscheidung der Geister befreit uns von einer Starrheit, die keinen Bestand hat vor dem ewigen Heute des Auferstandenen. Einzig und allein der Heilige Geist weiß, in die dunkelsten Winkel der Wirklichkeit vorzudringen und alle ihre Schattierungen im Auge zu haben, damit die Neuheit des Evangeliums in einem anderen Licht aufleuchtet.

Die Logik des Geschenks und des Kreuzes

174. Eine wesentliche Bedingung für das Fortschreiten in der Unterscheidung besteht in der Einübung in die Geduld Gottes und in seine Zeitmaßstäbe, die niemals unseren entsprechen. Er lässt nicht Feuer über die Ungläubigen vom Himmel fallen (vgl. *Lk* 9,54); er gestattet es den Eifernden nicht, das Unkraut auszureißen, das gemeinsam mit dem Weizen wächst (vgl. *Mt* 13,29). Zudem bedarf es der Großherzigkeit, denn »geben ist seliger als nehmen« (*Apg* 20,35). Wir führen die Unterscheidung nicht durch, um herauszufinden, was wir sonst noch aus diesem Leben herausholen können, sondern um zu erkennen, wie wir diese Sendung, die uns in der Taufe anvertraut wurde, besser erfüllen können. Das bedeutet, zum Verzicht bereit zu sein und sogar alles hinzugeben. Denn das Glück ist paradox, und es schenkt uns die tiefsten Erfahrungen, wenn wir diese geheimnisvolle Logik, die nicht von dieser Welt ist, akzeptieren. So sagte der heilige Bonaventura in Bezug auf das Kreuz: »Das ist unsere Logik.«[125] Wenn jemand diese Dynamik annimmt,

dann lässt er sein Gewissen nicht betäuben und öffnet sich großherzig der Unterscheidung.

175. Wenn wir vor Gott die Wege des Lebens prüfen, gibt es keine Räume, die ausgeschlossen bleiben. In allen Bereichen unserer Existenz können wir weiter wachsen und sie etwas mehr Gott übergeben, auch dort, wo wir die größten Schwierigkeiten erfahren. Doch müssen wir den Heiligen Geist darum bitten, dass er uns befreie und jene Angst vertreibe, die uns dazu bringt zu verhindern, dass er in einige Bereiche unseres Lebens eintritt. Wer alles von ihm erbittet, dem gibt er auch alles. Er will nicht bei uns eintreten, um zu verstümmeln oder zu schwächen, sondern um die Fülle zu schenken. Dies lässt uns sehen, dass die Unterscheidung keine stolze Selbstanalyse oder egoistische Nabelschau ist, sondern ein wahrer Ausgang von uns selbst auf das Geheimnis Gottes zu, der uns hilft, die Sendung zu leben, zu der wir zum Wohl der Mitmenschen berufen sind.

* * *

176. Mein Wunsch ist es, dass Maria diese Überlegungen kröne, weil sie wie keine andere die Seligpreisungen Jesu gelebt hat. Sie erbebte vor Freude in der Gegenwart des Herrn, sie bewahrte alles in ihrem Herzen und ließ es von einem Schwert durchdringen. Sie ist die Heilige unter den Heiligen, die Hochgebenedeite, die uns den Weg der Heiligkeit lehrt und uns begleitet. Sie nimmt es nicht hin, dass wir fallen und liegen bleiben, und zuweilen nimmt sie uns in ihre Arme, ohne uns zu verurteilen. Das Gespräch mit ihr tröstet uns, macht uns frei und hei-

ligt uns. Die Mutter braucht nicht viele Worte, sie hat es nicht nötig, dass wir uns anstrengen, um ihr zu erklären, was uns passiert. Es genügt, ein ums andere Mal zu flüstern: »Gegrüßet seist du, Maria …«

177. Ich hoffe, dass diese Seiten nützlich sind, damit sich die ganze Kirche um die Förderung des Wunsches nach Heiligkeit bemüht. Bitten wir darum, dass der Heilige Geist uns eine große Sehnsucht eingebe, heilig zu sein zur größeren Ehre Gottes. Ermutigen wir uns gegenseitig in diesem Anliegen. So werden wir ein Glück teilen, das uns die Welt nicht nehmen kann.

Gegeben zu Rom, bei St. Peter, am 19. März,
dem Hochfest des heiligen Josef, im Jahr 2018,
dem sechsten meines Pontifikats.

Franziskus

ANMERKUNGEN

[1]   Benedikt XVI., *Predigt bei der heiligen Messe zur Amtseinführung* (24. April 2005): *AAS* 97 (2005), 708.

[2]   Vorausgesetzt ist in jedem Fall, dass die betreffende Person im Ruf der Heiligkeit steht und die christlichen Tugenden zumindest im ordentlichen Grad gelebt hat – vgl. Apostolisches Schreiben in Form eines Motu proprio *Maiorem hac dilectionem* (11. Juli 2017), Art. 2c: *L'Osservatore Romano* (dt.), Jg. 47 (2017), Nr. 34 (25. August 2017), S. 7.

[3]   Zweites Vatikanisches Konzil, Dogm. Konst. *Lumen gentium* über die Kirche, 9.

[4]   Vgl. Joseph Malègue, *Pierres noires. Les classes moyennes du Salut*, Paris 1958.

[5]   Zweites Vatikanisches Konzil, Dogm. Konst. *Lumen gentium* über die Kirche, 12.

[6]   *Verborgenes Leben und Epiphanie* (1940), in: *Gesamtausgabe* Band 20, Freiburg i. Br. 2015, S. 124–125.

[7]   Johannes Paul II., Apostolisches Schreiben *Novo millennio ineunte* (6. Januar 2001), 56: *AAS* 93 (2001), 307.

[8]   Apostolisches Schreiben *Tertio millennio adveniente* (10. November 1994), 37: *AAS* 87 (1995), 29.

[9]   *Predigt zur Gedächtnisfeier für die Zeugen des Glaubens im 20. Jahrhundert* (7. Mai 2000), 5: *AAS* 92 (2000), 680–681.

[10]   Dogm. Konst. *Lumen gentium* über die Kirche, 11.

[11]   Hans Urs von Balthasar, *Theologie und Heiligkeit*, in: *Communio* 6 (1987), 486.

[12]   *Das Lied der Liebe*, Vorrede, 2, Einsiedeln ⁴1992, S. 10.

[13]   *Ebd.*, XIV-XV, 2, Einsiedeln ⁴1992, S. 90.

[14]   Vgl. *Katechese* bei der *Generalaudienz am 19. November 2014: L'Osservatore Romano* (dt.), Jg. 44 (2014), Nr. 48 (28. November 2014), S. 2.

[15]   Franz von Sales, *Abhandlung über die Gottesliebe. Theotimus*, VIII, 11, Eichstätt-Wien 1960, S. 106.

[16]   *Hoffnungswege. Botschaft der Freude aus dem Gefängnis*, Vallendar 2008, S. 23 u. 285.

[17]   Neuseeländische Bischofskonferenz, *Healing love* (1. Januar 1988).

[18]   Vgl. *Geistliche Übungen*, 101–312, Würzburg ³2015, S. 63–126.

[19]   *Katechismus der Katholischen Kirche*, 515.

[20]   *Ebd.*, 516.

[21]   *Ebd.*, 517.

[22]   *Ebd.*, 518.

[23]   *Ebd.*, 521.

[24]   Benedikt XVI., *Katechese* bei der *Generalaudienz am 13. April 2011*: *L'Osservatore Romano* (dt.), Jg. 41 (2011), Nr.16/17 (22. April 2011), S. 2.

[25]   Vgl. *ebd.*

[26]   Vgl. Hans Urs von Balthasar, *Theologie und Heiligkeit*, in: *Communio* 6 (1987), 483–490.

[27]   Xavier Zubiri, *Naturaleza, historia, Dios*, Madrid ³1999, S. 427.

[28]   Carlo M. Martini, *Im Zweifel nicht untergehen*, Freiburg i. Br. 1994, S. 66.

[29]   Diese oberflächliche Ablenkung ist von einer gesunden Freizeitkultur zu unterscheiden, welche uns in einem bereitwilligen und kontemplativen Geist offen macht für den anderen und für die Wirklichkeit.

[30] Johannes Paul II., *Predigt bei der Messe zur Heiligsprechung* (1. Oktober 2000), 5: *AAS* 92 (2000), 852.

[31] Regionale Bischofskonferenz von Westafrika, *Pastoralbotschaft zum Abschluss der 2. Vollversammlung* (29. Februar 2016), 2.

[32] *La femme pauvre*, II, 27, Paris, 1897.

[33] Vgl. Kongregation für die Glaubenslehre, Schreiben *Placuit Deo* über einige Aspekte des christlichen Heils (22. Februar 2018), Nr. 4 (*L'Osservatore Romano* [dt.], Jg. 48 [2018], Nr. 10 [9. März 2018], S. 7): »Der Individualismus des Neu-Pelagianismus sowie die Leibverachtung des Neu-Gnostizismus entstellen das Bekenntnis des Glaubens an Christus, den einzigen und universalen Retter.« In diesem Dokument finden sich die lehramtlichen Grundlagen für das Verständnis des christlichen Heils angesichts des heutigen Abdriftens zu neognostischen und neopelagianischen Vorstellungen.

[34] Apostolisches Schreiben *Evangelii gaudium* (24. November 2013), 94: *AAS* 105 (2013), 1060.

[35] *Ebd.*: *AAS* 105 (2013), 1059.

[36] *Predigt bei der Frühmesse in Santa Marta* am 11. November 2016: *L'Osservatore Romano* (dt.), Jg. 46 (2016), Nr. 48 (2. Dezember 2016), S. 12.

[37] Der heilige Bonaventura lehrt: »So muss alle Geistestätigkeit aufhören, damit die Spitze der Liebe in Gott hineingetaucht und verwandelt wird. [...] Weil hierin die Natur gar nichts und die eigene Anstrengung nur wenig zu vollbringen vermag, deshalb sollte man wenig Wert legen auf Forschung und viel auf Ergriffenheit; wenig auf das Reden, aber sehr viel auf die innere Freude; wenig auf Wort und Schrift, aber alles auf die Gabe Gottes, also den Heiligen Geist; wenig oder

nichts sollte man auf das Geschöpf geben, alles aber auf das schöpferische Sein völlig, auf den Vater und den Sohn und den Heiligen Geist« (*Itinerarium mentis in Deum*, VII, 4–5).

[38] *Brief an den Großkanzler der Päpstlichen Katholischen Universität von Argentinien zum hundertjährigen Jubiläum der Theologischen Fakultät* (3. März 2015): *L'Osservatore Romano* (it.), 9./10. März 2015, S. 6.

[39] Apostolisches Schreiben *Evangelii gaudium* (24. November 2013), 40: *AAS* 105 (2013), 1037.

[40] *Videobotschaft anlässlich des internationalen theologischen Kongresses der Päpstlichen Universität von Argentinien* (1.–3. September 2015): *AAS* 107 (2015), 980.

[41] Nachsynodales Apostolisches Schreiben *Vita consecrata* (25. März 1996), 38: *AAS* 88 (1996), 412.

[42] *Brief an den Großkanzler der Päpstlichen Katholischen Universität von Argentinien zum hundertjährigen Jubiläum der Theologischen Fakultät* (3. März 2015): *L'Osservatore Romano* (it.), 9./10. März 2015, S. 6.

[43] *Brief an Bruder Antonius*, 2, in: *Franziskus-Quellen*, Kevelaer 2009, S. 108.

[44] *De septem donis*, 9, 15.

[45] Ders., *Comm. in IV Sent.* 37, 1, 3, ad 6.

[46] Apostolisches Schreiben *Evangelii gaudium* (24. November 2013), 94: *AAS* 105 (2013), 1059.

[47] Vgl. Bonaventura, *De sex alis Seraphim* 3, 8: »Non omnes omnia possunt.« Dies muss im Sinne des *Katechismus der Katholischen Kirche* Nr. 1735 verstanden werden.

[48] Vgl. Thomas von Aquin, *Summa Theologiae* I–II, q. 109, a. 9, ad 1: »Nun aber ist die Gnade in gewissem Sinne unvollkommen, insofern sie den Menschen nicht völlig heilt.«

[49] Vgl. *De natura et gratia,* XLIII, 50: *PL* 44,2 71.

[50] Ders., *Confessiones,* X, 29, 40: *PL* 32, 769.

[51] Vgl. Apostolisches Schreiben *Evangelii gaudium* (24. November 2013), 44: *AAS* 105 (2013), 1038.

[52] Im Verständnis des christlichen Glaubens kommt die Gnade all unserem Tun zuvor, begleitet es und folgt ihm (vgl. Konzil von Trient, Sess. VI., *Decr. de iustificatione*, cap. 5: *DH* 1525).

[53] *In Romanos* IX, 11: *PG* 60, 470.

[54] *Hom. de humil.*: *PG* 31, 530.

[55] Canon 4, *DH* 374.

[56] Sess. VI., *Decr. de iustificatione*, cap. 8: *DH* 1532.

[57] Nr. 1998.

[58] *Ebd.*, 2007.

[59] Thomas von Aquin, *Summa Theologiae* I–II, q. 114, a. 5.

[60] Thérèse von Lisieux, *Weiheakt an die barmherzige Liebe*, in: *Selbstbiographische Schriften*, Einsiedeln [13]1996, S. 281.

[61] Lucio Gera, *Sobre el misterio del pobre*, in: P. Grelot, L. Gera, A. Dumas, *El Pobre,* Buenos Aires 1962, S. 103.

[62] Dies ist letztlich die katholische Lehre über das auf die Rechtfertigung folgende »Verdienst«. Es geht dabei um die Mitwirkung des Gerechtfertigten am Wachstum im Leben der Gnade (vgl. *Katechismus der Katholischen Kirche*, 2010). Aber diese Mitwirkung macht die Rechtfertigung selbst und die Freundschaft mit Gott keineswegs zu einem Gegenstand menschlichen Verdienstes.

[63] Vgl. Apostolisches Schreiben *Evangelii gaudium* (24. November 2013), 95: *AAS* 105 (2013), 1060.

[64] *Summa Theologiae* I–II, q. 107, a. 4.

[65] *Predigt bei der Eucharistiefeier zum Jubiläum der von der Gesellschaft Ausgeschlossenen* (13.

November 2016): *L'Osservatore Romano* (dt.), Jg. 46 (2016), Nr. 46 (18. November 2016), S. 12.

[66] Vgl. *Predigt bei der Frühmesse in Santa Marta* (9. Juni 2014): *L'Osservatore Romano* (dt.), Jg. 44 (2014), Nr. 25 (20. Juni 2014), S. 11.

[67] Die Reihenfolge der zweiten und dritten Seligpreisung variiert in der Textüberlieferung.

[68] Ignatius von Loyola, *Geistliche Übungen*, 23, 5–6, Würzburg ³2015, S. 39.

[69] *Selbstbiographische Schriften,* Handschrift C, 12r, Einsiedeln ¹³1996, S. 232.

[70] Seit der Zeit der Kirchenväter schätzt die Kirche die Gabe der Tränen, wie es auch in der schönen Oration *Ad petendam compunctionem cordis* zu finden ist: *»Allmächtiger und mildreicher Gott, du ließest dem dürstenden Volke eine Quelle lebendigen Wassers aus dem Felsen strömen; so entlocke auch unserem harten Herzen Tränen der Zerknirschung, damit wir unsere Sünden beweinen können und durch dein Erbarmen deren Verzeihung erlangen«* (*Missale Romanum*, Editio typica 1962, S. [110]; Schott-Messbuch 1962, S. [167]).

[71] *Katechismus der Katholischen Kirche,* 1789; vgl. 1970.

[72] *Ebd.,* 1787.

[73] Die üble Nachrede und die Verleumdung sind wie ein Terrorakt: Es wird eine Bombe geworfen, es gibt Zerstörung und der Attentäter geht glücklich und ruhig davon. Dies unterscheidet sich sehr von der Redlichkeit dessen, der sich mit gelassener Aufrichtigkeit annähert, um ein Gespräch von Angesicht zu Angesicht zu führen und dabei an das Wohl des anderen denkt.

[74] Gelegentlich mag es notwendig sein, über die Schwierigkeiten eines Bruders oder einer Schwester

zu sprechen. In diesem Fall kann es vorkommen, dass man eine Geschichte anstelle der objektiven Gegebenheit weitergibt. Die Gefühle verzerren die konkrete Wirklichkeit der Gegebenheit, sie ändern sie in eine Geschichte um und geben am Ende diese subjektiv gefärbte Geschichte weiter. So wird die Wirklichkeit zerstört und die Wahrheit des anderen nicht respektiert.

[75]   Apostolisches Schreiben *Evangelii gaudium* (24. November 2013), 218: *AAS* 105 (2013), 1110.

[76]   *Ebd.*, 239: *AAS* 105 (2013), 1116.

[77]   *Ebd.*, 227: *AAS* 105 (2013), 1112.

[78]   Johannes Paul II., Enzyklika *Centesimus annus* (1. Mai 1991), 41c: *AAS* 83 (1991), 844-845.

[79]   Johannes Paul II., Apostolisches Schreiben *Novo millennio ineunte* (6. Januar 2001), 49: *AAS* 93 (2001), 302.

[80]   *Ebd.*

[81]   Verkündigungsbulle des außerordentlichen Jubiläums der Barmherzigkeit *Misericordiae vultus* (11. April 2015), 12: *AAS* 107 (2015), 407.

[82]   Denken wir an die Reaktion des barmherzigen Samariters angesichts des von Räubern am Straßenrand halbtot liegen gelassenen Mannes (vgl. *Lk* 10,30-37).

[83]   Kommission für soziale Angelegenheiten der Kanadischen Bischofskonferenz, Open Letter to the Members of Parliament, *The Common Good or Exclusion: A Choice for Canadians* (1. Februar 2001), 9.

[84]   Die fünfte Generalversammlung des Episkopats von Lateinamerika und der Karibik lehrte gemäß dem beständigen Lehramt der Kirche, dass der Mensch »vom Moment der Empfängnis an durch alle Etappen seines Daseins hindurch bis zum natürlichen Tod und über den Tod hinaus stets ge-

heilgt« ist und das Leben »von der Empfängnis an in all seinen Entwicklungsstufen bis hin zum natürlichen Tod« geschützt werden muss (*Dokument von Aparecida* [29. Juni 2007], 388; 464).

[85]   Regel, 53,1: *PL* 66,749.

[86]   Vgl. *ebd.*, 53,7: *PL* 66,750.

[87]   *Ebd.*, 53,15: *PL* 66,751.

[88]   Bulle *Misericordiae vultus* (11. April 2015), 9: *AAS* 107 (2015), 405.

[89]   *Ebd.*, 10: *AAS* 107 (2015), 406.

[90]   Nachsynodales Apostolisches Schreiben *Amoris laetitia* (19. März 2016), 311: *AAS* 108 (2016), 439.

[91]   Apostolisches Schreiben *Evangelii gaudium* (24. November 2013), 197: *AAS* 105 (2013), 1103.

[92]   Vgl. *Summa Theologiae*, II–II, q. 30, a. 4.

[93]   *Ebd.*, ad 1.

[94]   *Cristo en los Pobres*, Madrid 1981, S. 37–38.

[95]   Es gibt viele Formen von *Bullying*, die – obwohl sie elegant und respektvoll und sogar sehr spirituell scheinen mögen – an der Selbstachtung der anderen viel Leid anrichten.

[96]   *Klugheitsregeln*, 13, in: *Worte von Licht und Liebe. Briefe und kleinere Schriften*, Freiburg ³2003, S. 161.

[97]   *Ebd.*

[98]   *Tagebuch der Schwester Maria Faustyna Kowalska*, Nr. 300 (Heft I), Hauteville 1990, S. 119.

[99]   Thomas von Aquin, *Summa Theologiae,* I–II, q. 70, a. 3.

[100]   Apostolisches Schreiben *Evangelii gaudium* (24. November 2013), 6: *AAS* 105 (2013), 1021.

[101]   Ich empfehle, das dem heiligen Thomas Morus zugeschriebene Gebet zu beten: »Schenke mir eine gute Verdauung, Herr, und auch etwas zum Verdauen. Schenke mir Gesundheit des Leibes,

mit dem nötigen Sinn dafür, ihn möglichst gut zu erhalten. Schenke mir eine heilige Seele, Herr, die das im Auge behält, was gut ist und rein, damit sie im Anblick der Sünde nicht erschrecke, sondern das Mittel finde, die Dinge wieder in Ordnung zu bringen. Schenke mir eine Seele, der die Langeweile fremd ist, die kein Murren kennt und kein Seufzen und Klagen, und lass nicht zu, dass ich mir übermäßig Sorgen mache über dieses sich breitmachende Etwas, das sich »Ich« nennt. Herr, schenke mir Sinn für Humor, gib mir die Gnade, einen Scherz zu verstehen, damit ich ein wenig Glück kenne im Leben und anderen davon mitteile.«

[102] Nachsynodales Apostolisches Schreiben *Amoris laetitia* (19. März 2016), 110: *AAS* 108 (2016), 354.

[103] Apostolisches Schreiben *Evangelii nuntiandi* (8. Dezember 1975), 80: *AAS* 68 (1976), 73. Es ist interessant festzustellen, dass der selige Paul VI. in diesem Text die Freude auf das Engste mit der *parrhesía* verbindet. Ebenso wie er den »Mangel an Freude und Hoffnung« beklagt, so lobt er die »innige und tröstliche Freude der Verkündigung des Evangeliums«, die verbunden ist mit einem »inneren Antrieb, den niemand und nichts ersticken kann«, damit die Welt das Evangelium »nicht aus dem Munde trauriger und mutlos gemachter Verkünder« empfange. Im Heiligen Jahr 1975 widmete der selige Paul VI. der Freude das Apostolische Schreiben *Gaudete in Domino* (9. Mai 1975): *AAS* 67 (1975), 289–322.

[104] *Klugheitsregeln*, 15, in: *Worte von Licht und Liebe. Briefe und kleinere Schriften*, Freiburg [3]2003, S. 161.

[105] Johannes Paul II., Nachsynodales Apostolisches

Schreiben *Vita consecrata* (25. März 1996), 42: *AAS* 88 (1996), 416.

[106] *Confessiones*, IX, 10, 23–25: *PL* 32, 773–775.

[107] Besonders erinnere ich an die drei Schlüsselworte »Darf ich?«, »Danke!« und »Entschuldige!«, denn es »schützen und nähren die passenden Worte, im richtigen Moment gesagt, die Liebe Tag für Tag«: Nachsynodales Apostolisches Schreiben *Amoris laetitia* (19. März 2016),133: *AAS* 108 (2016), 363.

[108] Thérèse von Lisieux, *Selbstbiographische Schriften,* Handschrift C, 29v–30r, Einsiedeln [13]1996, S. 262.

[109] *Vier Anweisungen für einen Ordensmann. Stufen der Vollkommenheit*, 2, in: *Worte von Licht und Liebe. Briefe und kleinere Schriften*, Freiburg [3]2003, S. 170.

[110] Ders., *Vier Anweisungen für einen Ordensmann. Stufen der Vollkommenheit*, 9, in: *Worte von Licht und Liebe. Briefe und kleinere Schriften*, Freiburg [3]2003, S. 171.

[111] Das Buch meines Lebens, 8, 5, Freiburg [3]2001, S. 156 f.

[112] Johannes Paul II., Apostolisches Schreiben *Orientale lumen* (2. Mai 1995), 16: *AAS* 87 (1995), 762.

[113] *Ansprache bei der Begegnung mit den Vertretern des 5. Nationalen Kongresses der Kirche in Italien*, Florenz (10. November 2015): *AAS* 107 (2015), 1284.

[114] Vgl. Bernhard von Clairvaux, *Sermones in Canticum Canticorum* 61, 3–5: *PL* 183, 1071–1073.

[115] *Aufrichtige Erzählungen eines russischen Pilgers,* Freiburg [11]2004, S. 36 f. u. 115.

[116] Vgl. *Geistliche Übungen*, 230–237, Würzburg [3]2015, S. 100–103.

[117] *Brief an Henry de Castries*, 14. August 1901.

[118] 5. Generalversammlung des Episkopats von Lateinamerika und der Karibik, *Dokument von Aparecida* (29. Juni 2007), 259.

[119] Konferenz der katholischen Bischöfe Indiens, *Schlusserklärung der 21. Vollversammlung* (18. Februar 2009), 3.2.

[120] Vgl. *Predigt bei der Frühmesse in Santa Marta* (11. Oktober 2013): *L'Osservatore Romano* (dt.), Jg. 43 (2013), Nr. 43 (25. Oktober 2013), S. 10.

[121] Vgl. Paul VI., *Katechese* bei der Generalaudienz am 15. November 1972 (*L'Osservatore Romano* [dt.], Jg. 2 [1972], Nr. 47 [24. November 1972], S. 1): »Eines der größten Bedürfnisse der Kirche ist die Abwehr jenes Bösen, den wir den Teufel nennen. [...] Das Böse ist nicht mehr nur ein Mangel, sondern es ist eine wirkende Macht, ein lebendiges, geistliches Wesen, verderbt und verderbend, eine schreckliche Realität, geheimnisvoll und beängstigend. Wer die Existenz dieser Realität bestreitet, stellt sich außerhalb der biblischen und kirchlichen Lehre; desgleichen, wer daraus ein eigenständiges Prinzip macht, das nicht, wie alles Geschaffene, seinen Ursprung aus Gott nimmt; oder auch, wer es zu einer Pseudowirklichkeit erklärt, es für eine erfundene, fantastische Personifikation der unbekannten Ursachen unseres Unheils hält.«

[122] José Gabriel del Rosario Brochero, *Plática de las banderas*, in: Argentinische Bischofskonferenz, *El Cura Brochero. Cartas y sermones*, Buenos Aires 1999, S. 71.

[123] Apostolisches Schreiben *Evangelii gaudium* (24. November 2013), 85: *AAS* 105 (2013), 1056.

[124] Auf dem Grabmal des heiligen Ignatius von Loyola findet man die geistreiche Inschrift: *»Non*

coerceri a maximo, contineri tamen a minimo divinum est.« (Nicht vom Größten gedrängt zu werden, sondern vom Kleinsten eingenommen zu werden, das ist göttlich.)

[125] *Collationes in Hexameron*, 1, 30.